Kapitel 1

Sich selbst verleugnen, sein Kreuz auf sich nehmen und sein Leben verlieren

Es ist an der Zeit, daß ich ein Buch über das Leiden der Christen schreibe. Manche Christen, die meine bisherigen Bücher gelesen und abgelehnt haben, vermißten in ihnen eine gebührende Berücksichtigung der Bedeutung des Leidens in der Nachfolge. Auch unter denjenigen, die meine Cassetten und Bücher sehr schätzten, gab es gelegentlich Verlautbarungen, ob ich vielleicht nicht doch die Bedeutung des Leidens im Leben des Gläubigen verkannt habe und ein zu rosiges Evangelium verkündige. Es gibt also offenbar einen Bedarf nach mehr Leiden. Ich will ihn stillen und habe dazu auch gleich die passenden Bibelworte parat:

> **Matthäus 16,21-28**
> **21 Seit der Zeit fing Jesus Christus an und zeigte seinen Jüngern, wie er müßte hin nach Jerusalem gehen und viel leiden von den Ältesten und Hohenpriestern und Schriftgelehrten und getötet werden und am dritten Tage auferstehen.**
> **22 Und Petrus nahm ihn zu sich, fuhr ihn an und sprach: Herr, das verhüte Gott! Das widerfahre dir nur nicht!**
> **23 Er aber wandte sich um und sprach zu Petrus: Hebe dich, Satan, von mir! Du bist mir ein Ärgernis; denn du meinst nicht, was göttlich, sondern was menschlich ist.**
> **24 Da sprach Jesus zu seinen Jüngern: Will mir jemand nachfolgen, der verleugne sich selbst und nehme sein Kreuz auf sich und folge mir.**
> **25 Denn wer sein Leben erhalten will, der wird's verlieren; wer aber sein Leben verliert um meinetwillen, der wird's finden.**

26 Was hülfe es dem Menschen, wenn er die ganze Welt gewönne und
nähme doch Schaden an seiner Seele? Oder was kann der Mensch
geben, damit er seine Seele wieder löse?
27 Denn es wird geschehen, daß des Menschen Sohn kommt in der Herr-
lichkeit seines Vaters mit seinen Engeln, und alsdann wird er einem jegli-
chen vergelten nach seinen Werken.
28 Wahrlich, ich sage euch: Es stehen etliche hier, die nicht schmecken
werden den Tod, bis daß sie des Menschen Sohn kommen sehen in sei-
nem Reich.

Lukas 9,23-25

**23 Da sprach er zu ihnen allen: Wer mir folgen will, der verleugne sich
selbst und nehme sein Kreuz auf sich täglich und folge mir nach.
24 Denn wer sein Leben erhalten will, der wird es verlieren; wer aber sein
Leben verliert um meinetwillen, der wird's erhalten.
25 Denn welchen Nutzen hätte der Mensch, wenn er die ganze Welt
gewönne und verlöre sich selbst oder nähme Schaden an sich selbst?**

Diese Worte unseres Herrn verheißen genug: Wir sollen unser Leben um seinetwillen verlieren, wir sollen ihm nachfolgen, indem wir uns selbst verleugnen, und wir sollen unser Kreuz auf uns nehmen.

Welche Einladungen an uns! Jedes Wort wirkt wie ein Hammerschlag. Je mehr man hinhört, um so niedergeschlagener fühlt man sich. Aber was bedeuten diese Aussagen des Herrn?

Sollen wir buchstäblich unser Leben für den Herrn lassen? Ist dies die Aufforderung unseres Herrn, sich auf ein Martyrium gefaßt zu machen? Vielleicht hast du dir schon längst selbst gesagt, daß du nicht erwarten darfst, so wie bisher weiterleben zu können. Die Welt wird immer dunkler. Die Entwicklungen von Politik, Wirtschaft, Ökologie und Kultur offenbaren einen verhängnisvollen Trend ins Chaotische und Dunkle. An vielen Stellen scheint sich der Antichrist anzukündigen.

Vielleicht kannst du gar nicht mehr mit Genuß die Zeitung lesen oder die Tagesschau verfolgen, weil die Nachrichten über Krieg, Erdbeben, Revolten und Auflösung von Sittlichkeit und Ordnung überhandnehmen. Das zerstörerische System des Antichristen muß bald kommen, Martyrium ist angesagt, zumindest die Vorbereitung darauf.

Deuten nicht auch die Plastik-Scheckkarten darauf hin, daß es bald nur noch eine Welt-Währung geben wird? Sind nicht ununterbrochen die Strichcodes auf den Produkten und Lebensmittelverpackungen ein Hinweis auf den kommenden, antichristlichen Weltregierer, der dafür sorgen wird, daß die Christen nicht regulär einkaufen können? Spürst du nicht auch schon an vielen Entwicklungen des öffentlichen und kulturellen Lebens den Atem jenes Tieres, das apokalyptische Umstände verschafft und die Christen ins Martyrium schickt?

Aber du sagst: „Herr, ich möchte gerne treu sein, aber ich weiß nicht, ob ich die Kraft habe zum Märtyrer. Wenn es sein muß, will ich für dich in den Tod gehen, aber, Herr, ich habe Angst. Vergib mir, daß ich so denke. Herr, du siehst, wie schwach ich bin. Aber ich verstehe es, Martyrium muß sein. Ich will mein Leben für dich hinlegen."

Und dann siehst du dich vor diesem ehernen und grundsätzlichen Satz: „Wenn mir jemand nachfolgen will, der verleugne sich selbst." Du sagst: „Ja, ich verstehe. Ich muß meinen Wünschen, meiner Lust zu leben und meiner lauten Fröhlichkeit absagen. Um Jesu willen darf ich das nicht ausleben. Ich muß es unterdrücken, verneinen und verzichten. Ich weiß sehr wohl, Herr, diese äußeren Freuden führen mich weg vom Eigentlichen. Sicher will der Herr, daß ich um der kostbareren Schätze in meinem Inneren willen und wegen seines hohen Auftrages auf die Freuden der Ehe verzichte. Ich soll allein bleiben und keine Kinder haben."

„Wer weiß, vielleicht denke ich auch im Hinblick auf manche Alltagsfreuden zu fleischlich und oberflächlich? Herr, ich spüre, wie du mir sagen willst, daß ich auch ohne Videorecorder und Fernseher leben kann und daß auch mein Auto nicht nötig ist. Ich sehe es ganz klar, meine geheimen Gelüste zu reisen, Menschen, Länder, Kulturen kennenzulernen und Erholung zu suchen, können vor dir nicht bestehen. Ich will sie um deinetwillen unterdrücken und willig darauf verzichten."

„Ach Herr, vergib mir, daß ich bisher so sehr diesen Dingen erlegen war. Ich will dem erneut absagen. Aber ich schäme mich so sehr, daß ich merke, wie mein Herz doch daran hängt. Jedoch, Herr, wie immer mir zumute ist, ich will mich selbst verleugnen. Koste es, was es wolle! Was nützen mir alle Freuden, wenn sie im Gegensatz zu deinem Willen stehen?"

„Und, Herr, was dein Gebot anlangt, mein Kreuz auf mich zu nehmen, wußte ich schon lange, daß ich auf der Flucht war. Ich will zurückkehren zu der Mitte des Evangeliums und zu der ehrenwerten Tradition unserer geistlichen Väter, die gewarnt haben, sich zu sehr in diese Welt einzunisten und das Kreuz zu meiden. Ich weiß, Leid muß sein. Herr, ich will auch hier nicht kneifen. Ich will mein Kreuz aufnehmen und ich will bewußt zu ihm stehen. Ich danke dir für das vielfältige Leid, das du mir auferlegt hast und dem ich bis jetzt so schnöde entkommen wollte."

„So will ich ab jetzt von neuem die Leiden meiner Krankheit und die Schmerzen meiner chronischen Rheumaerkrankung als dein Kreuz bejahen, das ich auf mich nehmen soll und nun auch will. Ich sehe auch, daß die Depression, die mich verfolgt, bejaht sein will. Ich erkenne auch in ihr das Kreuz, daß ich tragen soll, um dadurch dir ähnlicher zu werden und deinen Leidensweg zu teilen. Ich will mich nicht mehr dagegen auflehnen."

„Und Herr, ist nicht auch in meinen armseligen Wohnverhältnissen dein Kreuz zu erkennen, das ich wacker tragen soll? Herr, du weißt auch, wie schmerzhaft die Ablehnung ist, die ich durch meine Kinder erfahre. Sie wenden sich gegen mich und gehen ihre eigenen Wege. Aber Herr, um deinetwillen will ich auch dieses Kreuz auf mich nehmen und will darunter bleiben und dich darin verherrlichen."

Lieber Leser, bist du irritiert und verunsichert? Du kannst nicht sicher erkennen, ob diese vorgetragenen Gedanken und Anschauungen ernst gemeint sind oder eine Karikatur darstellen. Du schwankst vielleicht, ob der Autor ungeschminkt das ausspricht, was du an Fragen und Ahnungen schon lange in deinem Herzen trägst, oder ob er deine Befürchtungen mit dieser Zuspitzung doch nur ad absurdum führen will.

In diesem Widerstreit von Gedanken und Empfindungen — wenn er bei dir so vorliegen sollte — drückt sich das Denken mitteleuropäischer Frömmigkeit aus. Viele wiedergeborene Christen denken tatsächlich so, wie es die Skrupel und die Stimmungen ausdrükken, die ich überzeichnend geschildert habe. Unsicherheit über die Position in Christus und den Stellenwert des Leides ist kennzeichnend für das Volk Gottes in diesen Tagen. Und weil das Denken und die Erkenntnis der meisten Christen auf so wackligem Fundament gegründet ist, sind sie schwach und unsicher. Deswegen können sie mit Leichtigkeit von jedem religiösen Gedanken, der Leistungen fordert und Verzicht gebietet, erreicht und — noch schlimmer — erschüttert werden.

Ein großer Teil der Christenheit liest und hört das Wort Gottes tatsächlich so, wie es obiger Karikatur entspricht. Ein mächtiger und teuflischer Souffleur flüstert ununterbrochen: „Weiter so! Mehr Verzicht, mehr Entsagung, mehr Leid, gefalle deinem Herrn auf dem untersten Weg, der keine Ehre, viel Widerstand und Entbehrung bringt, aber dadurch geradewegs zum Himmel führt."

Ich möchte dem Leser reinen Wein einschenken. Diese eben skizzierten dumpfen Ahnungen oder auch fatalen Gewißheiten haben mit dem Evangelium wirklich nichts gemein. Sie sind eine Ausgeburt der Hölle und der abendländischen christlichen Tradition, die sich mehr um fremde Philosophien als um das reine Wort Gottes bemüht. Denn das Wort Gottes ist ganz anders, viel schöner. Es ist Evangelium: frohe Botschaft.

Das Wort bringt das Wort zum Leuchten

Wenn wir einzelne Worte unseres Herrn ohne Kenntnis des gesamten Wortes und ohne die Interpretation des Heiligen Geistes verstehen wollen, dann kommen wir zu seltsamen Ergebnissen. Diese Resultate werden immer negativ sein oder zumindest weit unter der Ebene von Klarheit und Verständnis, die das Wort eigentlich bewirken will. Wir können an das Wort Gottes nicht mit unserem alten, unerneuerten Denken herangehen, um von ihm göttliche Aufschlüsse zu erlangen. Unsere alten Erfahrungen und nicht geheiligten Anschauungen sind außerstande, und zwar grundsätzlich außerstande, geistliche Einsichten zu erschließen. Das Wort Gottes ist geistlich und muß geistlich verstanden werden und kann nicht durch unseren unerneuerten Intellekt ergründet werden.

Ist aber unser Denken vom Heiligen Geist umgeprägt worden und haben wir wortgemäße Erfahrungen mit der Wahrheit Gottes gewinnen können, dann sind wir sehr wohl imstande, das Wort zu erfassen.

Aber die Methode der Wahl zum Aufschluß von Gottes Wort ist nun einmal das Wort selbst. So wollen wir jetzt einige wichtige zusätzliche Bibelstellen sprechen lassen, die dann unter Mithilfe des Heiligen Geistes Licht in diese schwierigen und bedeutungstiefen Worte unseres Herrn bringen werden:

Johannes 19,16-17
16 Da überantwortete er ihnen Jesus, daß er gekreuzigt würde.
17 Sie nahmen ihn aber, und er trug sein Kreuz und ging hinaus zur Stätte, die da heißt Schädelstätte, welche heißt auf hebräisch Golgatha.

Matthäus 11,28-30
28 Kommet her zu mir alle, die ihr mühselig und beladen seid; ich will euch erquicken.
29 Nehmet auf euch mein Joch und lernet von mir; denn ich bin sanftmütig und von Herzen demütig; so werdet ihr Ruhe finden für eure Seelen.
30 Denn mein Joch ist sanft, und meine Last ist leicht.

Wir wollen auf drei Aussagen in den zitierten Bibeltexten achten:
Jesus nahm auf sich *sein* Kreuz.
Wir sollen auf uns nehmen — und zwar täglich — *unser* Kreuz.
Und wir sollen auf uns laden *sein* Joch und *seine* Last.

Wir wollen uns dem letzten Satz zuerst zuwenden. Was ist „seine Last", und was heißt „sein Joch"?

Es gibt nur eine in Frage kommende Antwort darauf: „Sein Joch" ist sein Wort und sind seine Gebote! Wir sollen nicht völlig ohne Last leben, aber wir sollen die richtige Last tragen. Ein lastenfreies Leben gibt es überhaupt nicht. Es liegt in unserer Natur als Menschen, uns alle möglichen Aufgaben aufzuerlegen, Ziele zu stecken und Bürden auf uns zu nehmen. Ein Leben ohne Herausforderung, in dem wir nichts tragen, bewegen und transportieren, ist abstoßend monoton und belastend. Gänzlich ohne Last zu leben ist belastend!

Aber es kommt eben auf die richtige Last und das richtige Joch an. Weil wir nicht gänzlich ohne Bürde leben wollen und können, laden wir uns selbst alle möglichen Lasten auf. Viele Menschen brechen schier darunter zusammen. Aus einer guten und von Gott gegebenen Bestimmung, nämlich Freude an der Übernahme und dann Bewältigung von Aufgaben zu haben, wird eine Tortur. In der

Sinnlosigkeit und im Unbefriedigtsein über sich selbst laden sich Menschen die gewaltigsten Probleme und Schwierigkeiten auf, nur um sich und anderen zu beweisen, daß sie es schaffen. Sie brauchen diesen Lebensstil, um sich daraus Lust, Bestätigung gebende Überlegenheit und Rechtfertigung für ihre Existenz zu verschaffen.

Jesus bietet uns seine Gebote an, daß wir sie tragen, weil sie, wie es das Wort im 1. Johannes 5,3 sagt, nicht schwer sind. Gänzlich frei sein können wir nicht, so laßt uns diesen Tausch vornehmen, unter dem wir uns erholen werden. Gott ist gut zu uns, viel besser, als wir es uns selbst gegenüber sind. Wir sind in der Bemessung der Lasten und Aufgaben, die wir uns zumuten, mörderisch und selbstzerstörend.

Aber sind nicht die Gebote Gottes in ihrer erhabenen Sittlichkeit und ihrem absoluten Anspruch doch eine viel größere Last als alle vorstellbaren menschlichen Ziele und Herausforderungen? Müssen wir nicht unter ihnen zugrunde gehen, weil niemand sie tragen und erfüllen kann? So könnte man denken und so muß man denken, wenn man das Wort Gottes nicht kennt und nicht weiß, was die Gebote Gottes wirklich ihrem Wesen nach sind. Das Wort Gottes ist nämlich nicht eine Ansammlung von sittlichen Verordnungen und moralischen Verfügungen. Das Wort Gottes ist anders, erfrischend anders.

Inwiefern sind nun die Gebote Gottes leicht? Was sind überhaupt die Gebote Gottes?

Die Worte unseres Herrn, die uns auffordern, seine Last und sein Joch auf uns zu nehmen, beschreiben nicht alttestamentliche Gebote, sondern sind die Grundlage des neuen Bundes Gottes mit uns. Welches sind denn die neutestamentlichen Gebote?

> **1. Johannes 2,7**
> **Meine Lieben, ich schreibe euch nicht ein neues Gebot, sondern das alte Gebot, das ihr habt von Anfang gehabt. Das alte Gebot ist das Wort, das ihr gehört habt.**

Hast du den letzten Satz verstanden? „Das alte Gebot ist das Wort, das ihr gehört habt." Es gibt kaum eine grundsätzlichere Aussage in der gesamten Bibel als dieses unscheinbar anmutende Wort.

Beim flüchtigen Lesen werden wir mehr oder weniger folgenden Sinn aus diesem Satz herauslesen: Das Wort ist sein Gebot. Das wird wohl heißen, daß wir im Worte Gottes die Summe seiner Gebote haben. Aber das steht nicht da! Dieser Satz sagt nicht, was das Wort an Geboten enthält, sondern drückt aus, daß das Gebot inhaltlich das Wort ist.

Gottes Gebot an uns ist sein Wort! Das ist das Urgebot, aus dem dann das neue Gebot resultiert, daß wir lieben sollen.

Aber diese Herleitung von dem Gebot seines Wortes hin zu dem mehrfach im Neuen Testament vorkommenden Befehl, das neue Gebot der Liebe zu beachten, wollen wir später vornehmen. Jetzt wollen wir uns erst einmal diesem erstaunlichen Wort zukehren: Das Gebot ist das Wort.

Viele Christen, wenn nicht gar alle, sehen den Zusammenhang von Wort und Gebot so, daß das Wort uns sagt, daß wir einzelne Gebote zu halten haben. Aber das ist nicht die Botschaft des Neuen Testamentes. Die Botschaft geht vielmehr in eine entgegengesetzte Richtung. Sie sagt uns, daß wir ein göttliches Gebot haben, eine Grundverfügung, die darin besteht, daß wir uns mit dem Wort Gottes auseinandersetzen sollen. Wir bekommen von Gott das Gebot, uns seinem Worte zuzuwenden. Das Gebot Gottes besteht darin, sein Wort zur Geltung kommen zu lassen und uns mit seinem Worte zu beschäftigen.

Im Alten Testament bestand das Wort Gottes aus einzelnen Geboten, die wir dann in die Tat umsetzen sollten. Diese Verhältnisse haben sich völlig umgekehrt! Heute ergeht nicht das Gebot Gottes an uns, selbst und sofort zu handeln, sondern uns um sein Wort zu bemühen: Das Gebot ist sein Wort.

Was ist nun sein Wort? Sein Wort umschließt seine Verheißungen und die Feststellung und Beschreibung des Handelns Gottes durch Jesus. Es umgreift all das, was Gott durch Jesus für uns getan hat. Daraus läßt sich folgern, was wir dadurch sind, was wir nun nicht mehr sind, was wir dadurch haben und was wir in ihm können. Das Wort beschreibt den Charakter Gottes in seiner unfaßlichen Klarheit, Schönheit, Güte, Freundlichkeit, Liebe und Wahrheit. Das Wort gibt uns Auskunft über alle Geschenke, die Gott der Menschheit gemacht hat und die abrufbereit vorliegen. Das Wort ist identisch mit Jesus, der das fleischgewordene Wort ist, der mit seinen Angeboten, Freundlichkeiten, Zielen, Herausforderungen und Gnaden als göttliche Last und geistliches Joch von uns aufgeladen sein will. Aber wohlgemerkt, wir sollen uns diese Last und dieses Joch selbst auferlegen.

Wir erkennen somit, daß das Wort Gottes die Beschreibung von allen vorhandenen göttlichen Schätzen und Erlösungsinhalten ist, die tatsächlich schon vorhanden sind und als göttliche Segnungen im unsichtbaren Raum darauf warten, von uns im Glauben ergriffen zu werden. Das bedeutet, daß alle Lösungen und jede Form von Hilfe für unsere Probleme, Krankheiten und Beeinträchtigungen schon da sind. Jetzt müssen sie lediglich ergriffen und genutzt werden. Und das will nun Jesus mit seinem Gebot sagen: Ergreift die fertig vorliegende – allerdings in Wortform vorliegende – Hilfe und das Heil, indem ihr es im Glauben annehmt. So bedeckt, umgebt und befrachtet ihr euch mit dem göttlichen Heil, das euch zwar, zugegeben, in Wortform angeboten wird, aber, wenn es im Herzen liegt, durch Glauben voll wirksam wird. Das Wort ist schon eine sonderbare Last: es beschwingt, beflügelt und erleichtert – es beschwert nicht.

Dennoch hat das Wort „Last" seine Berechtigung. Wir bedürfen der Disziplin und Ausdauer und auch der ganzen Zuwendung unseres Herzens zu diesem Wort, um seine Hilfe, seine Erquickung und seine Wunderkraft zu erfahren. Wir sollen nicht frei wie wilde Pferde herumlaufen, die weder Last noch Joch auf sich haben. Die Beschäftigung mit dem Wort kostet Zeit und Aufmerksamkeit und bedarf insofern einer bewußten Entscheidung, sich dem auszusetzen und unterzuordnen, aber wird dann auch von dem ganzen Segen begleitet sein, den es uns verschaffen kann.

Ein Teil dieses Segens ist die Befähigung zum Lieben. Durch das geglaubte Wort nehmen wir ja Jesus in Gestalt seines Wortes in uns auf und werden befähigt, unserem Bruder und schließlich jedem Menschen Liebe entgegenzubringen. Diese Liebe ist der Überschuß empfangener Liebe, die wir nicht mehr für uns selbst verwenden können und deswegen anderen zuteil werden lassen.

Wer wirklich die Wahrheiten der Schrift in sich aufgenommen hat, allen voran die Wahrheit, daß Gott uns durch Jesus liebt und deswegen seinen Sohn für uns als Sühnopfer für jede Schuld dahingegeben hat, der kann gar nicht anders, als diesen Herrn zu lieben und mit ihm und durch ihn seine Umwelt und seinen Nächsten. Wer aber liebt, der ist glücklich. Er macht nicht nur glücklich, er tut nicht nur anderen wohl und erquickt und erfreut sie, er selbst wird dabei an seinem eigenen Wesen die wohlige Rückstoßwirkung der Liebe wahrnehmen. Die Liebeskraft, die anderen Gutes erweist, erlebt der Liebende selbst als beglückend. Insofern sind die einzig nachweisbaren neutestamentlichen Gebote – sich mit dem Wort Gottes zu beschäftigen und einander zu lieben – in letzter Konsequenz identisch. So beweist dann die Tatsache, daß derjenige, der sich dem Wort in ganzem Glauben hingegeben hat, anschließend liebeswillig und -fähig geworden ist, daß er das Wort in der Tiefe seines Wahrheitsgrundes erfaßt und im Herzen erfahren hat.

Das sind nicht nur geistlich-logische Zusammenhänge, das ist real erfahrbar. Das geglaubte Wort ist beglückend und befähigt uns, andere zu beglücken. Das Gebot, sich mit Gottes Wort zu beschäftigen, ist somit tatsächlich die Umkehr der alttestamentlichen, strapaziösen Handhabung der vielen moralischen Gebote. Wir müssen und dürfen nicht mehr alle möglichen Gebote als direkte Aufforderung ansehen, diese in die Tat umzusetzen. Das ist Sünde! Es gilt auch an dieser Stelle das Wort aus Römer 14,23b: „Was aber nicht aus dem Glauben geht, das ist Sünde."

Die einzig neutestamentlich erlaubte Lebensform ist die, daß wir im Glauben Verheißungen und Beteuerungen Gottes annehmen, die uns sagen, was der Herr für uns schon getan hat, um diese so lange zu betrachten, zu bedenken, zu bejahen und sie zu verspeisen, bis sie ein Teil unserer Person geworden sind und in uns Glauben freisetzen, der uns dann zum Handeln befähigt. Aber das ist dann kein Handeln in der eigenen Kraft, das ist Jesus in uns, der handelt.

Ich glaube, wir brauchen zwischendurch eine Orientierung über unseren Weg, den wir zurücklegen, und sollten uns kurz vergegenwärtigen, wohin wir wollen und welche geistliche Position wir jetzt schon erreicht haben. Unser erstes Teilziel besteht darin, herauszufinden, was Jesus damit meinte, als er sagte, daß wir u n s e r Kreuz auf uns nehmen sollen. Wir versprechen uns eine Lösung dieser Frage, wenn wir uns darüber klar werden, was wir noch alles zu tragen haben. Wir sollen ferner sein Joch und seine Last – sein Wort – tragen.

Was haben wir mit dem bisher Erkannten erreicht? Wir haben festgestellt, daß diese Last leicht und dieses Joch sanft ist. Mehr noch, sie bedrücken und beschweren uns nicht, sondern sie heben uns hoch, sie beflügeln uns, sie machen das Leben eindeutig leichter als es ohne diese Last wäre. Die Last seines Wortes macht es erforderlich, daß wir uns der Disziplin und der Ausdauer der stetigen Beschäftigung mit der biblischen Wahrheit unterwerfen, was wohl unser Herz, unsere Zeit, unsere Zuwendung und überhaupt einen besonderen Zuschnitt von Alltags- und Lebensplanung einschließt. Insofern ist das Wort, das wir auf uns legen, doch eine Last. Aber die Hauptaussage ist die: Das Wort, das wir wirklich auf uns haben, führt zur Freiheit, zur erfahrbaren und sichtbaren Umsetzung von Verheißungen Gottes und zu Freude und Lust in Gemeinschaft mit ihm! Diese Last ist also beglückend, erquickend, erfrischend und belebend. Wer diese Last trägt, der ist gut dran. Er gehört zu den Gesegneten im Lande. Er ist nicht geknechtet und muß sich nicht mit bedrückenden Lasten abmühen. Er hat die Kunst zu leben und zu genießen entdeckt.

Dieses Resultat ist außerordentlich wichtig für die von uns angestrebte Lösung der Frage: Was heißt es eigentlich, daß wir unser Kreuz auf uns nehmen müssen? Aber bevor wir dieses Rätsel lösen können, sollten wir noch einen Augenblick bei dem Gebot unseres Herrn bleiben, zu ihm zu kommen, um unsere Mühseligkeit und unser Beladensein bei ihm abzulegen und uns von ihm erquicken zu lassen.

Das ist kein gänzlich anderes Angebot als das, was wir bereits untersucht haben und was uns so gut tut. Jesus ist nicht nur das Wort, sondern er ist eben auch der Herr und der Erretter, der als lebende Person unser Beispiel und unser Meister sein will. Bis jetzt haben wir ihn als das Wort verstanden und geglaubt. Und nun sollen wir von ihm als Person lernen.

Zwei Dinge empfiehlt uns der Herr, die wir in diesem Zusammenhang von ihm lernen sollen: Sanftmut und Demut. Wir sollen sie nicht um ihrer selbst willen lernen, sondern damit wir Ruhe für unsere Seelen haben. Allein schon in der Begründung und in der Zielsetzung des Lernens, wie überhaupt in der gesamten Natur der Aufforderung Jesu, zu ihm zu kommen, liegt eine bemerkenswerte Wahrheit: Wir sollen bestimmte geistliche Wahrheiten nicht um ihrer selbst willen suchen und erfahren, sondern damit wir dadurch einen konkreten Segen empfangen.

Die hier von Jesus gegebene Begründung für unsere Strebungen und Entscheidungen ist von außerordentlicher Bedeutung. Jesus legt uns keine Empfehlungen oder Aufforderungen zur Sittlichkeit vor, die um ihrer selbst willen gehalten werden sollen, damit eben der Wille des Herrn geschieht. Das entspricht dem üblichen, deutlich humanistisch eingefärbten Denken in vielen christlichen Kreisen. Aber es entspricht nicht der Zielsetzung unseres Herrn. Er legt uns sein Wort und seine Angebote nicht vor, damit sie unabhängig von unserem Ergehen als Werte oder Normen anerkannt werden. Unser Herr ist viel praktischer. Er denkt in allem, was er uns vorlegt, an uns. Es geht ihm um unser Wohl und um unsere Segenserfahrung durch das Befolgen seiner Worte und das Aufgreifen seiner Angebote. So sagt er auch hier zu uns: Lernt von mir Sanftmut und Demut, damit ihr dadurch erquickt werdet, eure Lasten verliert und Frieden für eure Seele bekommt. Jesus denkt in seinen Angeboten in den Begriffen von Nützlichkeit, wobei er allezeit unseren Nutzen im Auge hat.

Die übliche Theologie indessen, die sich zu großen Teilen humanistischem Denken geöffnet hat, kann das so nicht sehen. Für sie ist ein Umgang mit dem Worte Gottes auf der Nützlichkeitsebene ein Greuel. Aber laßt uns absehen von den schönen, jedoch nichtssagenden Worten der philosophierenden Theologie und lieber ganz nah bei den Worten unseres Herrn bleiben. Er denkt in dem, was er uns anbietet, an unseren Segen und an unseren Nutzen. Jedoch, wenn wir genau hinschauen, gibt es keinen Gegensatz zwischen den großen absoluten Wahrheiten der biblischen Offenbarung und unserem Bedarf an Freuden und Beglückung. Die biblische Wahrheit tut immer gut, baut auf und ist erquickend.

Hörst du von einem „göttlichen“ Prinzip oder einem angeblich biblischen Gedanken, der so erhaben und so groß und allen eigenen Belangen übergeordnet ist, daß du dich ihm unterordnen sollst, ohne dabei eine Bereicherung an Freude, Kraft, Liebe oder etwas anderem zu erfahren, dann nimm davon Abstand! Dieser Gedanke kommt nicht von Gott. Solche Wahrheiten sind nicht in seinem Repertoire.

Die Wahrheiten Gottes sind die Beschreibungen seiner Liebe und seiner Wohltaten. Es gibt keine göttliche Wahrheit, die als Sachverhalt unsere strikte Unterwerfung und Hingabe fordert, ohne uns ihre wohltuenden göttlichen Inhalte erleben zu lassen. Erst recht gibt es keine göttlichen Angebote, die einen sauren Apfel darstellen, in den wir erst hineinbeißen müssen, um nachher irgendeinen süßen Segen empfangen zu können.

Jawohl, Nachfolge fordert ihren Preis. Es ist aber nicht der Preis einer zuvor erbrachten Leistung im Sinne von Verzicht und Entsagung und dem Erbringen eines Opfers, damit wir nachher die Gnade Gottes bekämen. Das ist durch und durch unevangelisch. Das ist Gnade gegen Leistung, was dann schon keine Gnade mehr ist.

Der Preis, den wir zu bezahlen haben, um Gottes ganze Zuwendung zu bekommen, besteht bestenfalls darin, daß wir uns von der alten Welt mit ihren verderblichen Lustangeboten trennen, bevor wir in ganzer Fülle die Lust am Herrn erfahren haben. Aber schon im Übergang von der alten Erfahrung zu der neuen Lebensweise sollen wir einen Vorgeschmack von Gottes Freundlichkeit und der Wonne seiner Nähe erleben, die uns hinzieht zu ihm und zum Wechsel befähigt. Denn wir werden nicht durch die Angst vor Gott und den Folgen der Sünde zu ihm getrieben, sondern von seiner Güte zu ihm hingezogen (Römer 2,4).

Also: Jesus lädt uns ein, von ihm Sanftmut und Demut zu lernen, damit wir für unsere Seele Ruhe finden.

Demut und Sanftmut sind also offensichtlich erlernbar. Wir werden uns jedoch in letzter Konsequenz nur das aneignen, was für uns zum Nutzen ist. Kein Mensch, also auch niemand unter meinen Lesern, ist wirklich imstande, eine Lernerfahrung zu suchen, die ihm Schaden zufügt.

Jesus ist für uns zur Erlösung, zur Heiligung — das heißt zur Charakterveränderung —, zur Gerechtigkeit und zur Weisheit gemacht. Wir sollen diese Erfahrungen und Eigenschaften übernehmen, indem wir von ihm lernen. Wenn sie ein Teil unseres Wesens geworden sind und in unseren Charakter eingebaut sind, dann wird sich das als Sanftmut und Demut äußern.

Was ist Sanftmut? Sanftmut ist eine von Jesus erlernte Grundhaltung der ruhigen und friedevollen Gelassenheit in Anbetracht mancher Widerwärtigkeiten und Herausforderungen, die uns hektisch und gereizt stimmen wollen. Das Geheimnis ist schlicht und einfach das Wissen um die Tatsache, daß Jesus mich so lieb hat und daß ich ihm so wichtig und kostbar bin, daß ich ihm glauben kann, er wird mich aufgrund seiner Liebe aus allen Problemen herausholen. Deswegen muß ich mir nicht selbst helfen und mich abmühen und stetig nach Lösungen suchen und wegen nicht gefundener Lösungen ärgerlich und zornig sein. Ich kann es mir erlauben, auf solche Reaktionen zu verzichten, weil ich genau weiß, daß Gott für mich sorgt. Indem ich sanft reagiere, veranlasse ich ihn, eine besonders schöne Lösung zu fertigen.

Leben aus Sanftmut ist nicht aggressive Gehemmtheit und Passivität, sondern der Ausdruck des Glaubens an die Fürsorge Gottes und an seine Gnade. Sanftmut ist jene Lebenskunst, die ihre Lust und Überlegenheit nicht durch die mühsam errungenen Resultate eigener Anstrengung erreicht, sondern einfach dadurch, daß man sich von vornherein die Gewißheit der eigenen Bedeutung und des Wertes aus den Zusicherungen Gottes holt.

Die anderen, die nichts von Sanftmut wissen, müssen sich ihre Bestätigung durch den Nachweis ihrer Überlegenheit auf der Ebene von viel Einsatz und Mühe verschaffen. Der Sanftmütige glaubt seinem Herrn, daß dieser für ihn ist und ihn über die Maßen liebt und schätzt, und er genießt diese Zuwendung, indem er sie ihm glaubend abnimmt.

Der Sanftmütige ist gut dran. Er hat die leichtere Art zu leben, weil er die bessere Entscheidung getroffen hat.

Sanftmut kann man nur durch praktischen Glauben an die Redlichkeit von Gottes Liebesbeteuerungen und die Echtheit seiner Versprechen bekommen. Wer so glaubt, kann sanftmütig und gelassen sein, weil er genau weiß, daß sein Herr ihn nie im Stich lassen wird. Er gleicht in dieser einzigartigen Haltung dem Igel aus jenem bekannten Märchen vom „Hasen und dem Igel". Der Hase kann sich noch so abmühen, immer der Erste zu sein und durch seinen Sieg zu imponieren. Der Igel ist immer bereits an seinem Ziel angekommen, bevor der Hase auch nur startet. Der Sanftmütige lebt aus Glauben und hat gelernt, sich von seinem liebevollen Herrn abhängig zu machen, weil dieser für ihn arbeitet. Sanftmut ist der Lebensstil der ganz Klugen. Und wer sanftmütig ist, soll obendrein das Erdreich ererben.

Was ist nun Demut und wie kann man sie lernen? Demut ist Abhängigkeit von Gott. Wer von Gott abhängig ist, das heißt, wer Jesus und den Vater kennt, wie sie wirklich sind, und sich ihnen im Vertrauen auf ihren Charakter überläßt, um in dieser praktischen Abhängigkeitshaltung Geschenk auf Geschenk zu nehmen, der ist demütig. Somit ist Demut nicht die Beschreibung einer Tugend, die in sich selbst ruht, sondern die Beschreibung einer Beziehung.

Wenn „Demut" ein anderes Wort für „Abhängigkeit von Gott" ist, dann ist das übliche Verständnis von Demut völlig verkehrt. Demut hat nichts mit jener kitschig-süßlichen Haltung von Inkompetenz und Minderwertigkeit zu tun, die viele, wenn nicht gar alle Menschen in ihr sehen. Der demütige Mensch ist der wahrhaft kluge Mensch, der die Quelle seines Lebens und aller Segnungen kennt und sich deswegen an dieser Quelle niederläßt.

Weil unser Gott – der Gott der Bibel – ein liebevoller und mächtiger Gott ist, der gütig, sanftmütig, freundlich, willig und großherzig ist, deswegen ist es weise, sich von ihm abhängig zu machen, weil er seinem Charakter gemäß mehr auf unser Wohl bedacht ist als wir selbst. Er übertrifft uns und überholt uns in seinem Bemühen, uns seine Segnungen und Freundlichkeiten zuteil werden zu lassen. Er verspricht in seinem Wort (Psalm 84,12), uns nichts Gutes mangeln zu lassen, sofern wir in Aufrichtigkeit vor ihm wandeln. Er ist ein Gott der Freude, der Wonne und des Segens, der durch und durch gut ist, und dessen Güte von keiner Person und keiner Instanz in diesem Universum erreicht werden kann. Das Wort Gottes ist voll von den Beteuerungen, daß Gott gerne schenkt.

Somit ist der Mann, der Gott seine Versprechungen abnimmt, was nichts anderes als Glaube ist, und sich von ihm und seinen Zusagen abhängig macht, der Gesegnete. Der wahrhaft Demütige, der den Charakter Gottes kennt und sich dementsprechend verhält, ist nicht unterprivilegiert, arm, entrechtet, ist nicht der in Mangel und Defiziten Lebende, der keine andere Möglichkeit sieht, dieses Dasein zu ertragen, als alle diese Mangelerscheinungen umzubewerten, als Tugenden zu deklarieren und dadurch zu glorifizieren. Wer sich von Gott abhängig macht, erfährt Liebe, Zuwendung, Hilfe und Heilung. Und weil er weiß, von wem er das empfangen hat und was er in Zukunft noch empfangen wird (der Charakter

Gottes ändert sich ja nicht), deswegen wird er um so stärker Gottes Nähe suchen. Er weiß, wem er alles verdankt. Er wird sich deswegen nicht von der Quelle trennen. Der Demütige wird sagen: Ich weiß, was ich in ihm habe. Mein Herr liebt mich und trägt mich. Er hat meine Lasten für mich getragen und tauschte sie mir gegen Wohltaten ein. Ich bin doch nicht dumm, daß ich mich von meinem Herrn trenne, der mir alles gegeben hat.

Diese Einstellung kann man nur bei Jesus lernen. Sie ist das Resultat einer Glaubensgrundhaltung, nämlich der, daß Jesus verläßlich ist und daß man seinem Worte trauen kann. Und dieser Grundhaltung folgt dann der praktische und sichtbare Erweis seiner Freundlichkeit in Gestalt von sichtbaren Segnungen und Heilungen, was die Grundhaltung des Abhängigseins und -bleibens nur noch bestätigt und verstärkt.

Somit gilt die unerschütterliche Tatsache, daß die Demütigen die wahrhaft Gesegneten sind. Niemand kann mehr Wohltaten und Leben im Überfluß erfahren als derjenige, der bei der reinsten und stärksten Quelle verweilt und dort schöpft. Obendrein bekommt jeder, der Sanftmut und Demut bei seinem Herrn lernt, Frieden und Ruhe für seine Seele. Und er erfährt noch einen weiteren Segen: Er wird geehrt. Er holt sich nicht seine Ehre und verschafft sie sich nicht selbst. Vielmehr wird er geehrt. Das wird eine schier unvermeidbare Erfahrung sein, wenn er sich eng an seinen Herrn hält. Indem er sich ständig von ihm abhängig macht, wird Gott ihn ehren und andere veranlassen, ihn ebenfalls zu ehren. Denn sie werden sehen, daß er ein Gesegneter des Herrn ist. Was die Hochmütigen mit aller Macht suchen und so wenig erfahren — Ehre — bekommt er mühelos geschenkt. Hochmut ist die Reaktion des Menschen auf ein Defizit und auf Bedeutungslosigkeit. Dieses Loch will er unbedingt ausfüllen, indem er sich an Menschen wendet, um von ihnen Anerkennung, Liebe, Wertbewußtsein und Beifall zu bekommen. Die Ergebnisse sind enttäuschend. Man empfängt wenig und setzt sich obendrein dem Fluch der Unabhängigkeit von Gott aus (Jeremia 17). Der Demütige tritt, weil er seine Erwartungen auf Gott richtet, gegen Menschen viel bescheidener, eben „demütig" auf, und wird deswegen von Gott geehrt und bestätigt. Weil er viele Fehler nicht macht, und jene, die er begeht, zugibt und der Gnade Gottes übergibt, nehmen seine Bedeutung und sein Einfluß fortwährend zu. Er steigt unter Gottes Förderung ständig auf und erfährt dabei obendrein die Bewunderung seiner Umwelt.

Matthäus 11,30 enthält noch einen weiteren kostbaren Hinweis. Jesus nennt sein Wort ja nicht nur eine Last, die leicht ist, sondern auch ein sanftes Joch. In den Ausführungen unseres Herrn ist jedes Wort kostbar und gewichtig. So wollen wir nun auch untersuchen, weswegen das Wort Jesu ein Joch ist. Ein Joch ist nicht ein Instrument, mit dem man Tiere quälen will, sondern das Geschirr, durch welches Tiere Lasten bewegen oder auch einen Wagen ziehen können. Folgende Wahrheit wollte Jesus damit zum Ausdruck bringen: Sein Wort tut nicht nur gut, sein Wort bewirkt auch etwas. Es transportiert Lasten und schafft Segnungen herbei. Es ist nicht nur eine ideelle Größe, die sich im geistlichen oder seelischen Bereich unseres Lebens auswirkt. Sein Wort hat unter anderem auch eine weitere einzigartige Funktion: Während es mit sanftem Druck auf uns ruht und dabei nicht drückt und einengt, schafft es die größten Leistungen.

Dabei ist der Tenor des gesamten Neuen Testamentes ausdrücklich der, daß die Leistung nicht von uns erbracht wird, sondern von dem geglaubten Wort. Aber — das ist die andere Seite — das Wort für sich bewältigt nichts. Nur das Wort, das auf uns und in uns ist, kann Dinge in Gang setzen, Lasten beseitigen und Segnungen herbeischaffen.

Wir hatten uns anfangs aufgemacht, herauszufinden, was Jesus meinte, als er uns sagte, daß wir unser Kreuz auf uns nehmen sollen. Zunächst einmal haben wir nun herausgefunden, welche Konsequenzen es nach sich zieht, wenn man sein Wort auf sich nimmt. Das Ergebnis ist ganz eindeutig: Wer sich die Gebote des Herrn auflädt, die identisch sind mit dem Gebot, ein Mensch des Wortes Gottes zu werden, wird unvermeidbar ein Gesegneter des Herrn sein. Dieser Segen ist so umfangreich und für alle Menschen erkennbar, daß das unweigerlich Folgen hat. Nicht nur der Sachverhalt der erfahrenen Segnungen ist für die Umwelt ersichtlich, auch der Hintergrund, auf dem diese zustande kamen. Wer sich mit dem Worte Gottes so verbindet, erlebt sich nicht als einen Teil der Welt, sondern weiß genau: Jesus ist in mir. Ich gehöre nicht zur Welt, sondern ich bin nur in der Welt. Aber in mir ist der Herr.

Wer mit dieser Einstellung ins Leben geht und siegreich durchs Leben geht und für aller Augen erkennbar ein Gesegneter des Herrn ist, der wird manche Reaktionen auf sich ziehen. Die einen werden ihn lieben und schätzen, die anderen werden ihn bekämpfen und verfolgen.

Kapitel 2

Was ist Jesu Kreuz? Was ist mein Kreuz?

Alles, was Jesus auf sich genommen und am Kreuz getragen hat, was er somit weggetragen und besiegt hat, das sollen und dürfen wir nicht tragen. Alles, was Jesus an seinem Kreuz erduldet hat, ist nicht der Inhalt unseres Kreuzes! Der Sinn des Kreuzes Jesu bestand darin, das Leid der Sünde, der Krankheit, jeder seelischen und sozialen Not und alle Folgen der Sünde auf sich zu nehmen. Er hat sie deswegen auf sich genommen, damit wir sie nicht zu ertragen haben.

Wenn wir also feststellen wollen, was unser Kreuz ist und was wir zu tragen haben, dann müssen wir zuvor sehen, was Jesus getragen hat. Nichts von dem, was er am Kreuz getragen und weggetragen hat, darf in dem enthalten sein, was unser Kreuz darstellt.

Was also hat Jesus am Kreuz für uns getragen und somit besiegt?

1. Er hat die Sünde, die Sünden, unsere Ungerechtigkeit, unsere Rebellion, unseren Fluch und jedes Getrenntsein von Gott auf sich genommen. Das tat er für uns, damit wir diese Dinge nicht ertragen müssen.

2. Er nahm, als er am Kreuz hing, auch unsere Krankheit auf sich. Weil er aber alle Krankheiten der gesamten Menschheit auf sich genommen hat und alle krankmachende Energie an sich gezogen hat, deswegen enthält unser Kreuz kein Krankheitsleid. Wir sind nicht aufgefordert, irgendeine Krankheit zur Ehre Gottes oder als

von Gott aufgebürdetes Leid zu tragen. Das ehrt Gott nicht, weil es den Verdienst Christi schmälert. Diese Leiden werden nicht von Gott gefordert. Das ist nicht unser Kreuz.

3. Zum Kreuz des Herrn gehört auch seine Erfahrung von Verspottung, Verachtung, Ablehnung, Schmähung und Demütigung. Das Wort Gottes sagt:

> **Jesaja 53,3**
> **Er war der Allerverachtetste und Unwerteste, voller Schmerzen und Krankheit. Er war so verachtet, daß man das Angesicht vor ihm verbarg; darum haben wir ihn für nichts geachtet.**

Es gehört wohl zu dem fast Unvermeidbaren, daß wir durch Menschen Ablehnung, Meidung, Verspottung, Verachtung, seelische Verletzung und dadurch das Leid der vermittelten Minderwertigkeit erdulden müssen. Das Angebot solcher peinigenden Erfahrungen ist also nicht zu vermeiden. Aber weil Jesus das auf sich genommen hat, müssen wir uns dem nicht hingeben und daran zugrunde gehen.

4. Jesus hat auf seinem Weg zum Kreuz und als er am Kreuz hing auch alle menschliche Verirrung, jede seelische Qual und alle Angst und seelisch-nervliche Erschöpfung auf sich genommen. Weil Jesus unsere seelischen Störungen getragen und ertragen hat, deswegen soll unser Kreuz frei sein von solchen Anteilen (Jesaja 53,7-10).

5. Die Kreuzeserfahrung Jesu war gekennzeichnet von Armut, Mangel, Entbehrung, Hunger, Durst und Nacktheit. Indem er, der reich war, um unseretwillen arm wurde, damit wir durch seine Armut reich würden (2. Korinther 8,9), bleibt auch für dieses Kontingent an qualvollem menschlichem Schicksal kein Platz an dem Kreuz, das wir tragen sollen. Weil Jesus auch unsere Kraftlosigkeit am Kreuz getragen hat sowie alle zerstörten Beziehungen, jede Form von Unfrieden und jede Zerstörung unseres Verstandes, deswegen können auch diese Elemente menschlichen Lebens und Leidens kein Bestandteil unseres Kreuzes sein.

Wir sollen und brauchen nichts zu tragen, was Jesus für uns getragen und aus der Welt geschafft hat. Wollten wir es doch versuchen, so wäre das Rebellion gegen Gott, Schmälerung des Erlösungswerkes und Leidens unseres Herrn und Ignoranz gegenüber der Gnade Gottes. In letzter Konsequenz ist es nichts anderes als Stolz und geistliche Arroganz, in der sich unsere Selbsterlösungssucht ausdrückt.

Ich muß dich fragen: Wie sieht dein Kreuz aus? Hat es Ähnlichkeit mit dem, was Jesus getragen hat? Siehst du in ihm Leidensanteile, die der Herr auf sich genommen hat? Dann wirf dieses Kreuz sofort zu Boden. Du bist nicht aufgefordert, ein solches Kreuz zu tragen. Damit ergibst du dich unechter Religiosität und Leistungsfrömmigkeit, die dem Herrn ein Greuel ist.

Also – sein Kreuz ist nicht dein Kreuz! Was ist es aber dann? Welches Kreuz bleibt noch übrig, wenn Jesus jeden Fluch auf sich genommen und weggetragen hat (Galater 3,13)?

Dein Kreuz ist das Leid, das du um Jesu willen tragen mußt und das deine weltliche und religiöse Umgebung in Gestalt von Verspottung, Verachtung, Verfolgung und Verleumdung auf dich bringt, weil sie es nicht ertragen kann, daß du ein über die Maßen Gesegneter bist und daß Jesus in dir lebt.

Unser Kreuz, das wir auf uns nehmen sollen, ist immer ein Außenleid! Weil Jesus, der strahlende und siegreiche Sohn Gottes, das Leben in Person, in dir ist und Liebe, Kraft, Freude und Gnade in dir verbreitet, wird sich von den unsichtbaren Kräften der Finsternis und von den Menschen, die sich von diesen Kräften mißbrauchen lassen, Widerstand gegen dich erheben. Dein Kreuz hat eine unerläßliche Voraussetzung: Du mußt gesegnet sein.

Jesus sagt in Matthäus 16,24: „Will mir jemand nachfolgen, der verleugne sich selbst und nehme sein Kreuz auf sich und folge mir." Das Kreuz, das der Herr hier meint, liegt also nicht von vornherein auf uns, sondern es liegt zunächst zu unseren Füßen. Wir können uns entscheiden, es auf uns zu nehmen, oder es unten liegen zu lassen. Das beweist, daß unser Kreuz nicht ein schicksalhaftes, vorgegebenes Leiden ist, das einfach über uns gekommen ist, mit dem wir ins Leben hineingeboren sind und dem wir im Verlauf unseres Lebens auch nie mehr entkommen können.

Unser Kreuz aufnehmen

Wenn Jesus uns auffordert, daß wir unser Kreuz auf uns nehmen sollen, dann schließt das ein, daß man sich auch weigern kann, es auf sich zu nehmen. Wir müssen unser Kreuz nicht tragen. Wir können es liegen lassen, wo es ist oder ihm gar im weiten Bogen ausweichen, so daß es gar nicht in unsere Blickweite kommt.

Wie stellt man es nun an, als Christ seinen Weg zu gehen, ohne sein Kreuz auf sich zu nehmen?

Willst du das Kreuz nicht tragen, mußt du dich nur anpassen an deine Umgebung. Niemand wird dir dann ein Kreuz vorlegen, weil niemand weiß, daß du mit Jesus lebst und weil sich niemand durch deinen Segen und durch deine Andersartigkeit herausgefordert fühlt.

Du kommst auch dann nicht in die Verlegenheit, dein Kreuz auf dich zu nehmen, wenn du die Segnungen des Kreuzes Christi nicht beanspruchst. Denn nicht gesegnet zu sein, das heißt, auch keinen Anstoß zu geben. So wird es dann auch keinen Widerstand geben, und ohne Widerstand gibt es auch kein Kreuz zu tragen. Wir erinnern uns: Unser Kreuz, das wir auf uns nehmen, ist die Reaktion der Umwelt auf unseren Glauben.

Schließlich wird dein Kreuz für dich auch entfallen, wenn du Jesus wenig Raum in dir gibst. Paulus sagt (Galater 2,20a): „Ich lebe; doch nun nicht ich, sondern Christus lebt in mir." Wir können uns als Christen auch entscheiden, unser eigenes Leben zu leben. Dann leben wir nach unseren eigenen Kriterien und Vorstellungen. Wir fragen nicht nach dem Willen des Herrn, wir machen uns nicht von seiner Stimme abhängig, ja wir suchen gar nicht, seine Stimme zu hören.

Wenn Jesus so wenig Raum in dir hat, dann wird deine Identität nicht von ihm bestimmt sein. Andere werden nur dich sehen und nicht Jesus in dir.

Bei dieser Konstellation der Dinge wird es für den Teufel wenig Grund geben, dich mit Außenleid zu attackieren. Deine Umgebung wird nichts an dir auszusetzen haben und deine christliche Einstellung nicht in Frage stellen oder kritisieren, denn vermutlich wird sie sie gar nicht kennen. Außenleid als Konsequenz deines Glaubens wirst du dann kaum erfahren. Niemand legt dir ein Kreuz vor oder fordert dich gar auf, es aufzunehmen. Aber Innenleid wird da sein – mehr als genug. Krankheit, Mißerfolg, chronische Schwäche, Enttäuschung, Hoffnungslosigkeit wird dein Leben kennzeichnen. Doch das ist nicht dein Kreuz, das du um Jesu willen trägst.

Wer Jesus nicht den gebührenden Platz in seinem Leben einräumt, wird in der Tat von der Umgebung nicht in Frage gestellt werden. Dieses geringe Leid, das sich daraus ergibt, ist nicht da. Dafür viel anderes Leid. Die Bilanz geht nicht auf.

Wir sollen aber, so sagt uns Jesus im Lukasevangelium, sogar täglich unser Kreuz auf uns nehmen. Wenn wir immer wieder in strikter Abhängigkeit von unserem Herrn ja sagen zu seinem Segen, dann ist dieses tägliche Ja aber auch die tägliche Herausforderung an die Umgebung und auch an den unsichtbaren Feind.

Aber ist unser Kreuz, das wir unter solchen Bedingungen auf uns nehmen müssen, wirklich eine so große Belastung und fatale Erfahrung? Die Voraussetzung der Erfahrung unseres Kreuzes ist das stetige Erleben, wie unser Herr uns liebt und bestätigt, glücklich und frei macht und uns als unser überragender Partner durch den Tag hindurch begleitet, um uns zu schützen und zu versorgen. Wer kann unter solchen Voraussetzungen schon angefochten werden durch die Hakeleien der Umgebung, durch das bißchen Spott und Verachtung, das wir heute in Mitteleuropa in Kauf nehmen müssen, wenn wir uns zu Jesus stellen? Ist nicht die neidische und mißgünstige Reaktion unserer Umwelt ein weiterer Beweis und eine Bestätigung für das außerordentliche Leben in uns? Wir sind Agenten Gottes und Kinder unseres Vaters. Wir leben in einem anderen Reich, in einem besseren Reich, und unsere Umwelt sieht es. Es ist normal, unter solchen Bedingungen Widerspruch und Anfeindung zu erfahren, aber es wird uns nichts ausmachen und erst recht wird es uns nicht umwerfen.

Unser Kreuz, das wir täglich auf uns nehmen sollen, wird uns allein dann zur Hand sein, wenn zuvor der stetige Fluß von Gottes Segen in unser Leben gekommen ist.

Sind wir von Gott angenommen worden und erleben seine Freundlichkeiten, wird uns Ablehnung seitens unserer Umwelt zuteil werden. Aber nicht nur! Zwar werden sich viele gegen uns stellen und uns belächeln, aber andere werden uns aufsuchen und uns nach dem Geheimnis unseres Lebens fragen. Sie werden sich angezogen fühlen von unserer Ausstrahlung von Frieden, Freude und Erfolg und werden zu unserem Herrn übergehen.

Spott ist unvermeidbar, wenn man nicht mehr Bürger dieser Welt ist. Aber Spott wird nicht die einzige Reaktion bleiben. Manche werden ihre bissigen Kommentare und ätzende Ironie über uns ausschütten (die uns aber nicht treffen wird, weil wir die Gesegneten des Herrn sind und nicht mehr menschenabhängig sind). Andere werden nachdenklich werden bzw. ernsthaft unsere Bekanntschaft suchen, weil sie sich herausgefordert fühlen durch die Bestätigung, die sie auf unserem Leben sehen.

Es wird nicht ausbleiben, verleumdet zu werden, ganz sicher sogar von den nächsten Freunden und manchen anderen Gläubigen, die nicht im Segen stehen. Aber auch hier wird die Front nicht geschlossen bleiben. Diejenigen, die die Wahrheit lieben, werden sich uns nähern, um nach dem Hintergrund unserer Geradlinigkeit, Stabilität und unseres sichtbaren Glückes zu forschen. Etliche werden Opfer der Lügen werden, die man über uns ausstreuen wird, aber andere werden uns folgen und die Wahrheit bei uns erkennen und sie annehmen.

Gehässigkeiten und Bosheiten sind das Repertoire derer, die unseren Glauben und seine unleugbaren Auswirkungen nicht ertragen können. Das tut dann, wenn man es erlebt, ein wenig weh. Aber was ist das gegen die überwältigende Fülle von Freuden und Sicherungen durch unseren Herrn, der uns allseitig versorgt und viele treue Freunde und Schwestern und Brüder gegeben hat?

Zum Kreuz gehört die Erfahrung des Gemiedenwerdens, Belachtseins, des Abrückens von uns und des Zynismus. Das sind alles kurzzeitige und schnell vorübergehende Reaktionen unserer Umwelt, die uns nicht gerade beglücken, wenn sie uns treffen. Aber sie kommen, weil wir die Gesegneten sind und weil der Kontrast zwischen unserem Leben in Fülle, Wohlergehen, Frieden und Reichtum und dem, was die Menschen in unserer Umwelt an Armseligkeit, Verdruß und Mangel haben, unübersehbar ist. Obendrein werden solche Pfeile von Gift nicht in die Tiefe gehen und Wunden hinterlassen. Sind wir die Gesegneten des Herrn, dann sind wir auch die Bewahrten. Seine Wohltaten und Güte und die Erfahrung des Geliebtseins schützen uns. Sagt nicht auch das Wort Gottes und die Erfahrung gemäß diesem Wort: „...die Freude am Herrn ist eure Festung“ (Nehemia 8,10b, wörtliche Übersetzung)? Sollte schließlich doch ein Pfeil durchdringen, so wird sein Gift nicht wirksam, weil wir geübt sind in der Vergebung.

Es sind wirklich allein die Gesegneten des Herrn, die ihr Kreuz auf sich nehmen können. Alles andere Leid jenseits des Verfolgungsleides ist nicht unser Kreuz. Dieses Leid ist die Folge von Ungehorsam, während unser Kreuz die Konsequenz unseres Gehorsams und des Gesegnetseins ist.

Ablehnung und Spott durch unsere ungläubige Umgebung kann allerdings auch durch unser Fehlverhalten zustande kommen, was wir fälschlicherweise Verfolgung um des Glaubens willen nennen. Wer meint, Jesus zu dienen, aber nicht von einem geheiligten göttlichen Lebenswandel gekennzeichnet ist, sondern sich seinen Mitmenschen nur als skurriler, komischer Kauz mit verschrobenen religiösen Ideen darbietet, der wird auch Hohn, Verachtung und Ablehnung ernten. Aber das geschieht nicht um Jesu willen, und dann ist es auch nicht Jesus in uns, der Satan veranlaßt, Menschen gegen uns aufzubringen. Wer sich nicht in Wahrhaftigkeit und in der Kraft des Heiligen Geistes als Nachfolger Jesu bewährt, wird sehr schnell an den Punkt kommen, wo er nicht mehr glaubhaft wirkt und deswegen abgelehnt wird. Schrulligkeit und religiösbigottes Verhalten stoßen ab, weil die Menschen die Unechtheit und die verkehrte Frömmigkeit darin wahrnehmen.

Wir müssen sehr darauf achten, daß wir unseren Mangel an Kraft nicht dadurch vertuschen wollen, daß wir Schablonen von verkehrter Frömmigkeit aufsetzen, die doch nur ein Zeichen mangelnder oder steckengebliebener Erlösung sind. Ich glaube, daß ohne die Kraft des Heiligen Geistes und ohne die Erfrischung, die uns die Taufe im Heiligen Geist bieten kann, jeder Christ in Gefahr gerät, sich zu einem traurigen Zeugnis zu entwickeln. Die Summe solcher traurigen christlichen Gestalten hat in unserem Lande dann bei der Bevölkerung den Eindruck aufkommen lassen, daß Christsein identisch ist mit Schwachheit, Unzuständigkeit, Rückständigkeit und Lustarmut.

Als junger Medizinstudent – ich war damals bereits wiedergeborener Christ, kannte aber noch nicht die Erfahrung des Heiligen Geistes – machte ich meine Erfahrung damit, was es heißt, dem Herrn ein Zeugnis sein zu wollen und nicht über das Kraftpotential zu verfügen, das einen glaubhaft macht. Ich befand mich eines Tages während eines klinischen Praktikums zur Mittagszeit im Kasino des Krankenhauses. Beim Mittagessen kam ich mit einer mir unbekannten medizinisch-technischen Assistentin ins Gespräch, der ich etwas von meinem Glauben berichten wollte. Aber aufgrund der Kraftlosigkeit meiner Nachfolge und der dadurch bedingten Ängstlichkeit und notleidenden Charakterstärke sah ich keinen richtigen Ansatz für mein Bemühen, das Gespräch in eine solche Richtung zu lenken. Ich spielte in meiner Gedankenwelt alle möglichen philosophischen oder naturwissenschaftlichen Anmarschwege durch, ohne gänzlich zufrieden zu sein und hatte überhaupt Angst vor dem Versuch, vor meinem Gegenüber zeugnishafte und bekennende Worte auszusprechen.

Auf dem Höhepunkt dieser meiner inneren Qualen und Ängstlichkeit fragte mich dann diese junge Krankenhausangestellte auf einmal, ob sie mir helfen könne, denn sie sähe, daß ich so bedrückt ausschaute. Ich ließ mir nicht von ihr helfen, aber diese Szene bewies mir, wie wenig Kraft und Autorität damals in mir war. Ohne den Heiligen Geist sind wir Christen mehr oder weniger alle dazu verurteilt, Karikaturen zu sein.

Kapitel 3

Sich selbst verleugnen

Wer hat nicht schon bei dieser Aufforderung des Herrn an uns, uns selbst zu verleugnen, ein gewisses Unbehagen in sich wahrgenommen? Diese Aufforderung mutet einen so an, als ob Jesus uns zum Verdrängen von eigenen Wünschen und Regungen auffordern will. Man fragt sich insgeheim, ob der Herr das wirklich so gemeint hat, wie es der Wortinhalt zu sagen scheint.

Sich selbst verleugnen, das klingt doch wie ein Appell zum Verdrängen oder auch wie das Eingeständnis, daß die christliche Botschaft doch nicht in allen Bereichen echte Lösungen oder Bewältigungen bringt, vielmehr an manchen Stellen etwas, was nicht auflösbar ist, einfach niedergerungen werden muß. Gibt es also doch einen Sprung in dem Gefüge der Erlösung? Hier sagt es der Herr doch schwarz auf weiß, daß ich etwas, was anscheinend in mir ist, nicht zur Kenntnis nehmen soll und es unterdrücken und verwerfen muß. Das liegt doch eindeutig nicht auf der Höhe der Offenbarung von Heil und Heilung, wie wir sie sonst in der Schrift kennen.

Wenn Worte und Sprache Mittel der Information und der Beschreibung von Dingen sind, indem die Worte nach gängigem Verständnis festgelegte Inhalte und Aussagen haben, dann müßten uns diese Worte des Herrn nachdenklich, wenn nicht gar betroffen stimmen. Sich selbst zu verleugnen kann nach allem, was wir über den Begriff „Verleugnen“ wissen, doch nur bedeuten, daß wir gespaltene Personen sind und daß uns Jesus der Unechtheit ausliefern will. Wer Jesus auch noch so sehr schätzt und ihn als Vermittler von Wahrheit, ja als Wahrheit selbst kennengelernt hat, wird nicht ohne Nachdenklichkeit vor diesem Wort stehen. Was immer der Herr gemeint haben mag, man wird den Eindruck nicht los, daß wir um eines höheren Zieles willen bestimmte Gedanken und Regungen in uns verdrängen müssen. Und dabei ist uns nicht wohl zumute. Denn sich selbst zu verleugnen kann doch keine Lösung sein. Es ist eine Scheinlösung, die die Oberfläche unseres Verhaltens unanstößig erscheinen läßt, weil alle Probleme in die Tiefe gekehrt sind.

Ich habe die Erfahrung gemacht, daß immer dann, wenn ich ein Wort in der Schrift als besonders schwierig oder gar als unverstehbar oder dem Fluß von Wahrheit an anderen Stellen der Schrift entgegengerichtet erlebt habe, dahinter eine besonders schöne und wichtige Wahrheit war, die nur noch nicht von mir entdeckt worden war. Jesus fordert uns nicht zum Verdrängen unserer wahren Natur auf, damit die religiöse Oberfläche unserer Erscheinung nicht beeinträchtigt wird. Das wäre Lüge, und dazu ist Jesus nicht fähig. Nein, genau das Gegenteil ist der Fall. Jesus fordert uns auf, unsere neue und wahre Identität, unser eigentliches Sein in ihm herauszustellen und unser altes Wesen, das wir abgelegt haben, das uns aber durch alte seelische Prägungen noch bestimmen will, zu entmachten, zu mißachten, zu verleugnen.

Wir Christen sind nämlich die einzigen Menschen auf dieser Erde, die eine neue Identität haben, welche nicht geprägt ist durch die Summe aller Vorerfahrungen, Kenntnisse und Rollenzuweisungen unserer Umgebung. Das Wort Gottes sagt uns sehr eindeutig, daß, wenn jemand Christus als seinen Herrn angenommen hat, er nicht mehr der alte ist, sondern eine neue Schöpfung. Dieser neue Status, den wir als wiedergeborene Kinder Gottes innehaben, beschreibt uns so, wie Gott uns sieht. Aber Gott hat nicht eine Sicht, die im Gegensatz zu den realen Tatsachen unseres Innenlebens steht. Gottes Sicht von uns entspricht der wahren Verfassung unserer neu gewordenen Person, wenn wir mit unserer Bekehrung zum Herrn das alte Leben abgegeben haben, mit Jesus gestorben sind und mit ihm zu einem neuen Wesen auferstanden sind.

Das Wort Gottes sagt uns in 2. Korinther 5,17 sehr eindeutig, daß das Alte vergangen ist und Neues geworden ist, wenn wir durch Jesus Christus eine neue Schöpfung geworden sind. Das Alte, das meint unsere alten Prägungen, Gefühle und Selbstbewertungen, also unser altes Image und unsere alte Identität. Alle diese Prägungen liegen in unserer Seele, von der das Wort Gottes allerdings sagt, daß sie mit der Wiedergeburt nicht eine schlagartige Veränderung oder gar Neuschöpfung erfährt. Neu wird nur unser Geist, der aus Wasser und Geist geboren ist, wie es Jesus gegenüber Nikodemus in einem nächtlichen Gespräch erklärt hat. Und dieser uns in einem Geburtsgeschehen zuteil gewordene neue Geist ist die entscheidende lebens- und persönlichkeitsbestimmende Größe geworden. Die Seele hat ihre identitätsgebende Kraft mit dem Augenblick, wo wir aus Gottes Wort und seinem Geist neu geboren wurden, eingebüßt und an unseren neuen Geist verloren (1. Korinther 15,45). Der erste Mensch, Adam, wurde zu einer lebendigen Seele (1. Mose 2,7), und der letzte Adam wurde zum Geist, der da lebendig macht. Was Jesus erfahren hatte, erleben mit ihm auch wir. Wenn Jesus durch die Wiedergeburt unser Herr und zugleich Gott unser Vater geworden ist, dann sind wir neue Persönlichkeiten geworden. An uns ist ein Schöpfungsakt vollzogen worden, der uns zu Bürgern des Reiches Gottes gemacht hat, die eine andere Innenstruktur haben als die nicht erneuerten Menschen.

Die neuen Qualitäten unseres Lebens, also unsere neue Identität, liegen in unserem neuen Geist! Aber dieser unser Geist ist identisch mit unserem neuen Ich. Auch wenn uns unsere nicht erneuerte Seele, die jetzt einen neuen Vorgesetzten in der Innenstruktur unserer Person, nämlich den Geist, bekommen hat, immer wieder die alten Qualitäten und Reaktionen vorspielen will, so sind wir doch dem Wesen nach ganz andere Menschen, als uns unsere Gedanken, Gefühle, Impulse, Stimmungen und vielleicht sogar alte Zwänge noch einreden wollen. Indem der Heilige Geist durch einen geistlichen Geburtsvorgang ein neues Herz und einen neuen Geist in unser Wesen eingepflanzt hat, sind wir in der Tiefe unserer Person — vielleicht für andere nicht sofort und in jedem Fall erkennbar — Menschen von göttlicher Prägung. Zugegeben, unser Geist ist eine unsichtbare Instanz, die andere — und möglicherweise wir selbst — nicht unbedingt in uns wahrnehmen, aber sie ist eine reale Größe unserer neuen Person. Sie hat göttliche Fähigkeiten und Merkmale, die zunächst noch im Verborgenen sind, aber die unser Herr sehr wohl sieht und an denen er uns mißt.

Weil wir einen neuen Geist haben, nämlich den Geist, der aus Gottes Wort und dem Heiligen Geist durch deren beidseitige Befruchtung in uns entstanden ist, deswegen sind wir gerecht. Wir unterliegen nicht mehr dem alten Verdammnisurteil und müssen nicht mehr Opfer von Schuld und Schuldgefühlen werden. Nein, wir sind in den Augen Gottes so gerecht, daß er uns in seinem Wort die Gerechtigkeit Gottes genannt hat. Wir haben also nicht nur Gerechtigkeit, wir sind die Gerechtigkeit Gottes.

So sieht uns Gott, und so sollen wir uns auch sehen, denn so sind wir tatsächlich. Unsere alte Seele mag sich in der ersten Zeit nach dem dramatischen Einbruch des Reiches Gottes in unser Leben noch in alten Kategorien und Gefühlen äußern, aber sie spiegelt nicht mehr unser wahres Ich wider. Was sie uns an Gedanken und Stimmungen signalisieren will, beschreibt nicht den Kern unserer Person. Das ist Schnee von gestern.

Auf dem Hintergrund dieser grundsätzlichen Identitätsveränderung, die durch den geborenen neuen Geist in uns zustande kommt, muß man nun das Wort des Herrn sehen:

> **Matthäus 16,24b**
> **Will mir jemand nachfolgen, der verleugne sich selbst und nehme sein Kreuz auf sich und folge mir.**

Wir sollen mit unserem Willen Einfluß nehmen auf diesen Prozeß, der stellenweise die Natur eines wogenden Kampfes an sich hat. Unsere alte Seele weigert sich nämlich, die neuen Realitäten und den ihr vorgesetzten Geist anzunehmen. Sie ziert und dreht und windet sich, weil sie in ihrer kapriziösen und egozentrischen Art nicht ihre alte Vorherrschaft und ihre alten, unbeherrschten und unkontrollierbaren Reaktionsweisen aufgeben möchte.

Das Wort Gottes sagt uns, daß das Fleisch (an dem die Seele maßgeblich beteiligt ist), gegen den Geist kämpft. Wir sollen nun in diesen Kampf eingreifen, indem wir uns auf die Seite der neuen göttlichen Wirklichkeit unseres wiedergeborenen Geistes stellen und uns nicht auf die Gedanken- und Lustangebote der alten, unerneuerten Seele einlassen. Denn sie bringt eigentlich selten Lustvolles und Erfreuliches in ihren Äußerungen und Gefühlen. Meistens vermittelt sie uns, daß wir ein Versager sind, schwächlich und unfähig sind. Sie weist uns hin auf alte Schuld, die darauf hindeutet, daß wir so, wie wir in der Vergangenheit gehandelt und versagt haben, auch in Zukunft reagieren werden. Die Seele hat eine Freude daran, uns zu verführen, entweder in unrealistische Höhenflüge oder aber im Vorgaukeln von Aussichtslosigkeiten, Hoffnungslosigkeiten, Versagerbewußtsein und Verzweiflung.

Die nicht erneuerte Seele weiß nichts von den Möglichkeiten der Kraft Gottes, rechnet nicht mit Wundern und Zeichen und haßt die Disziplin des Heiligen Geistes. Deswegen sagt uns Jesus, daß wir nicht auf die Stimme der Seele hören, sondern uns von ihr abwenden sollen, was ein anderes Wort ist für „sich selbst verleugnen". Das alte Selbst soll von dem neuen Ich, das identisch ist mit unserem Geist, nicht mehr zur Audienz vorgelassen werden.

Wir können also jetzt, nachdem wir die anthropologischen Umwälzungen vor Augen haben, die mit unserer Wiedergeburt in der Tiefe unserer Person erfolgt sind, sehr wohl dem Worte Jesu, daß uns Selbstverleugnung empfiehlt, Sinn und Verständnis abgewinnen. Es ist eben nicht eine Aufforderung zur Unechtheit und zur Verdrängung, sondern es ist das Gebot unseres Herrn, daß wir würdevoll leben sollen. Das geschieht eben dadurch, daß wir mit unserem Willen in diesen Kampf eingreifen, was jetzt möglich ist, weil das Alte vergangen ist und der Zwang, in alten Bahnen weiter denken und laufen zu müssen, endgültig beseitigt ist.

Jesus fordert uns also nicht zu einem titanischen Kampf gegen Sünde, alte Neigungen und Zwänge auf, damit wir seinem idealistischen Menschenbild entsprechen. Das ist ein gänzlich verkehrtes Verständnis der wunderbaren Abläufe und Regeln, unter denen wir als wiedergeborene Nachfolger Jesu angetreten sind. Indem wir das alte Selbst verleugnen, werden wir in Wirklichkeit erst echte und überzeugende geistliche Persönlichkeiten. Verleugnung heißt hier also wahr werden und ganz werden. Und noch eins: Sich verleugnen, das ist nicht schwer. Halleluja, es ist sogar leicht, auf der Grundlage eines neu gewordenen Geistes und mit der Hilfe des Geistes Gottes und seines Wortes durch unseren Willen die Umgestaltung der Seele zu erwirken.

Es soll und braucht nämlich nicht bei einem lebenslangen Kampf zu bleiben, der so aussieht, daß unser Geist sich immer wieder gegen die Seele durchsetzen muß, während sich diese gegen den Geist aufbäumt. Indem wir konsequent immer wieder zu der Wahrheit stehen, die das Wort Gottes über uns sagt und nicht auf die Stimme unserer Seele achten, fördern wir das Wachstum unseres Geistes und bewirken über diesen neu gewordenen und zunehmend erstarkenden Geist eine Disziplinierung unserer Seele, ihre Neuprägung, Befriedigung und Sättigung. Deswegen sagt uns das Wort Gottes an manchen Stellen (Jesaja 55,3; Psalm 131,2; 63,6), daß es unserer Seele wohlgehen soll. Dieses Wohlergehen soll so weit gehen, daß sie unter der Ernährung des Wortes Gottes befriedigt und gestillt wird und sich als geborgene und wohlernährte Seele wie im Fetten wohlfühlen soll.

Dieser Ablauf hat aber keine Automatik an sich. Wollen wir Jesus nachfolgen, dann müssen wir mit unserem Willen die Entwicklungsrichtung unseres geistlichen Wachstums bestimmen. Wahre Nachfolge ist nur dann möglich, wenn wir uns stetig selbst verleugnen. Achte in diesem Zusammenhang auf die Reihenfolge und gegenseitige Abhängigkeit der Worte Jesu: „Will mir jemand nachfolgen, der verleugne sich selbst und nehme sein Kreuz auf sich und (dann) folge mir". Nachfolge ist tatsächlich erst dann möglich, wenn man erfahren hat, wie gut Gott ist und wie real die Segnungen sind, die er uns durch sein Wort zugedacht hat und wenn wir uns ständig selbst verleugnen. Nachfolge setzt also Selbstverleugnung voraus. Andernfalls können wir mit unserem Herrn nicht Schritt halten.

Wir wollen auf einige weitere Inhalte der Selbstverleugnung achten. Nachdem wir einmal grundsätzlich die Berechtigung des Begriffes „selbst" und die Attraktivität des Gebotes erkannt haben, werden wir in der Anwendung dieses Befehls unseres Herrn auf alle weiteren Lebensbereiche keine Schwierigkeiten haben.

Tatsächlich, es ist erhebend und lebens- und luststeigernd, wenn wir uns im wohlverstandenen biblischen Sinne selbst verleugnen. Das Wort Gottes sagt zum Beispiel (Römer 8,30): „Wen Gott gerecht gemacht hat, den hat er auch herrlich gemacht." Das Wort will uns folgendes sagen: Wer wirklich die Gerechtigkeit des Herrn im Glauben angenommen hat, der hat damit auch alle Qualitäten Gottes im Verborgenen in sich aufgenommen, die in ihrer Summe Herrlichkeit bedeuten.

Wenn uns nun die Seele in Anbetracht von Versagen in der Vergangenheit und Gegenwart Unfähigkeit, Schwäche, Unvermögen und niedrige Gesinnung vorwirft, dann bedeutet die Umsetzung der Aufforderung Jesu zur Selbstverleugnung, daß wir sagen:

„Das stimmt nicht, Seele, was du mir zuraunst. Ich nehme deine Gedanken und Vorwürfe nicht an. Ich bin kein Schwächling und erst recht kein chronischer Versager, auch wenn ich eben erst einen Fehler gemacht habe. Aber ich schaue nicht zurück. Ich gehöre nicht zu den Törichten, die ihre Hand an den Pflug gelegt haben und dann zurückschauen. Ich weiß, wer ich in Jesus bin. Ich bin tatsächlich herrlich, auch wenn du, alte Seele, sagst, daß aus mir nie etwas werden wird. Das ist Lüge! Ich stelle mich dagegen. Ich weiß sehr wohl, daß es nur eine Wahrheit über mich gibt, und das ist das, was Jesus an mir getan hat und was er sagt, daß ich sei."

„Ich bin herrlich, weil er es sagt. In mir sind alle göttlichen Eigenschaften und Fähigkeiten und der Heilige Geist und seine Gegenwart. Es ist keine maßlose Übertreibung und auch kein Größenwahnsinn, wenn ich das von mir behaupte, was der Herr über mich sagt."

„Ich gehe davon aus, daß ich mit Gottes Kraft und seiner in mir wohnenden Herrlichkeit aus dieser meiner jetzigen Schwierigkeit heraustreten werde. Ich höre nicht auf deine Worte und Gedanken, die mir das Wasser abgraben wollen. Ich mißachte dein Reden. Ich höre weg. Ich neige dir nicht mein Ohr. Denn ich muß mich entscheiden, wem ich zuhören und glauben will."

„Ich habe mich entschieden. Ich nehme das als gültig und richtig an, was der Herr über mich sagt. Und weil du das Gegenteil von dem sagst, was Gott sagt — und Gott lügt nicht —, deswegen sind deine Gedanken nicht wahr. Ich weigere mich, sie anzunehmen. Sie täuschen mich."

Nach diesem Modell muß unser Ich auch mit allen anderen Reflexionen unserer Seele umgehen, weil die Seele das alte Material unaufhörlich wiederkäut, um es dann in unser Ohr zu spucken. Insofern stellt sich unser altes Selbst, die noch nicht geheiligte Seele, vollkommen in den Dienst der Sünde. Unser Geist muß den Selbstbetrug der Seele immer wieder aufdecken und durchkreuzen, bis sie sich erschöpft hat und von Gottes Geist und unserem Geist neu formiert wird.

Zum alten Ich-Gefühl gehören auch die Betrachtungen unserer Seele über unsere Stärke. Bei guten Umständen und bei hoher

Stimmung signalisiert sie ein gänzlich unrealistisches und geistlich nicht begründetes Gefühl der Superstärke. Fielen wir darauf herein, würden wir mit der Enttäuschung dieses Schwindels in bodenlose Tiefe gerissen werden. Meistens lamentiert aber unsere Seele unserem Ich gegenüber, daß sie schwach, minderwertig, unfähig und krank sei. Das Lied der Schwäche ist ein Lieblingsgesang der Seele. Der unaufmerksame und ungeschulte Geist kann dazu noch leicht die begleitende Melodie von verkehrt verstandener Demut und Glorifizierung der Schwäche spielen, so daß sich daraus ein Komplott ergibt, das tödlich sein kann.

Aber wir sollen, so sagt es uns Jesus, die alte Identität, die nicht mit dem Reden Gottes übereinstimmt, verleugnen. Das Wort Gottes sagt uns, daß der Schwache sagen soll: „Ich bin stark." Der Schwache ist in Christus nicht schwach. Er hat einen neuen Geist, in dem sich die gesamte Kraft Christi und das Vermögen des Heiligen Geistes ausprägen können und in dem Jesus selbst wohnt. Wer im Umkreis des Themas Schwäche und Stärke seine alte Seele verleugnet, der stellt sich im Glauben zu der Tatsache, daß er mit Jesus zusammen und voll des Heiligen Geistes stark ist, auch wenn er es zunächst noch nicht spürt. Der Glaube geht von Dingen aus, die am Anfang nicht sichtbar sind. Das gehört zur Definition des Glaubens:

> **Hebräer 11,1 (wörtlich)**
> **Der Glaube ist die Substanz dessen, was man hofft und der Beweis dessen, was man nicht sieht.**

Wer sich dem Sichtbaren oder auch nur seinen Gefühlen ergibt, ist kein Realist! Er ist der ewig Gestrige, der nicht wahrgenommen hat, daß Jesus schon etwas Neues in seinem Herzen angefangen hat. Unser Geist ist die Instanz Gottes in uns, von dem aus alle Kräfte fließen können, jedes Wunder möglich ist und Stärke, Fähigkeit und Fortschritt zustande kommt. Was Gott tut, tut er über unseren Geist, und er wohnt bereits durch seinen Heiligen Geist in unserem Geist.

Die Verleugnungsarbeit betrifft alle Facetten und Schichten unseres Wesens. Alles, was Einfluß nimmt auf unsere Identität, darf nicht ungeprüft einfach aus unserer Seele heraustreten und unser Denken und Selbstbewußtsein durchsetzen. Wir haben die Aufgabe der Prüfung. Und wenn wir die Seele bei der Produktion von Gefühlen und Gedanken, die im Widerspruch zu unserer neuen Identität stehen, ertappt haben, ist es unsere Aufgabe, sie in ihre Schranken zu weisen.

Das muß zum Beispiel bei dem Lieblingsthema unserer durch alte Verwundungen gequälten Seele erfolgen: Minderwertigkeit und Selbstwertverlust. Dies ist eines der großen Übel, die bei der Mehrheit der wiedergeborenen Kinder Gottes festzustellen sind. Die nicht in Disziplin genommene Seele, die unwidersprochen die alten Inhalte ausdrücken und ausmären kann, bringt dieses Thema in allen Variationen. So fühlen sich viele Christen abgelehnt, ausgestoßen, unwert und außerstande, den Willen Gottes zu erkennen und zu erfüllen.

Weil sie aus der Niederlage kommen und zurückschauen, sind sie nicht imstande, neue Herausforderungen aufzunehmen. Auch hier gibt es jene unheilvolle Verbindung mit scheingeistlichen Momenten, wodurch dann ein solcher Mensch glaubt, besonders demütig zu sein, wenn er sich in seinen Minderwertigkeitsgefühlen und Selbstanklagen wälzt.

Wer sich nach dem Gebot unseres Herrn diesen Gedanken und Zwängen verweigert, weil er durchschaut hat, daß sie nicht dem entsprechen, was Gott über ihn sagt, der verleugnet sich selbst. Denn Gott sagt etwas völlig anderes über dich, der du bisher unter diesen Eingebungen und Zuflüsterungen deiner Seele zu leiden hattest. Es ist kein Gebot der Ehrlichkeit, sich diesen Gedanken zu stellen und offen und schonungslos anzuerkennen, daß man so ist, wie es einem die Seele ständig und ungefragt einbleuen möchte. Gott sagt, daß du geliebt, begehrt, angenehm und angenommen bist. Du bist nicht irgend jemand und erst recht kein Wurm im Staube, sondern du bist das Kind des göttlichen Vaters, das die Natur des Vaters in sich hat, seine ewige und göttliche Gerechtigkeit. So bist du nicht nur ein Königskind, sondern sogar ein König (Offenbarung 5,10).

Wenn du Jesus nachfolgen willst, und das nicht als einer, der ununterbrochen wehleidig an allen Ecken stehenbleibt, dann mußt du dich entscheiden, die Lüge deiner Seele, die entmachtet ist, aber immer noch weiterredet, zum Schweigen zu bringen. Du kannst es dir dann nicht erlauben, in pseudo-humanistischer Gesinnung als

Ausdruck deiner besonderen Demut, diese Selbstbezichtigungen ernst zu nehmen und als deinen Beitrag Gott, dir selbst und deiner Umgebung anzubieten, mit dem du deine Niedrigkeit und deine Ehrlichkeit ausdrücken willst. Jesus sagt dir: „Fahr der Seele in die Parade, die dir diesen süß-säuerlichen Kitsch als Ausdruck fortgeschrittener Frömmigkeit verkaufen will."

Wenn du deinem Herrn gehorchen willst und nicht in den Bahnen ausgefahrener Religiosität entlangschlittern willst, mußt du mit einem Machtwort dazwischengehen und dieses ganze Gerede in dir stoppen. Du erklärst: „Ich höre nicht zu, ich verbiete dir den Mund. Ich weiß, wer ich bin. Ich bin ein Kind des Allerhöchsten und ich gehöre zur göttlichen Familie. Ich will meinen Vater nicht verunehren, indem ich ihm seine Wertschätzung und Liebe zu mir nicht abnehme und meine eigene qualvolle Tour vermeintlicher Minderwertigkeit weiter durchziehe."

Mein Leser muß verstehen, daß Jesus hier tatsächlich von einem Prozeß der Selbst-Reglementierung redet. Die Veränderung unseres alten Wesens erfolgt nicht automatisch. Sie ist andererseits auch nicht ein reibungs- und schmerzvoller Prozeß, bei dem es nur langsame Fortschritte gibt und den nur wenige bewältigen. Auch das ist eine Lüge. Die Lehre des Herrn ist ganz eindeutig diese: Heiligung hinein in unsere neue Identität ist für jeden Gläubigen, der diese Wahrheiten annimmt und diesen Vorgang mit seinem Willen stetig vollzieht, mit Leichtigkeit möglich. Wer einmal erkannt hat, daß die Seele entmachtet ist, wenn Jesus unser Herr geworden ist, der wird nicht mehr in falsch verstandenem Respekt vor den Kräften der Seele kapitulieren. Unser Wille vermag Außerordentliches. Es muß das einmal in das Reich Gottes hineingesprochen werden: Nachfolge ist nicht schwer. Es ist leicht mit dem Herrn zu wachsen, wenn wir die richtige Nahrung bekommen und in stetiger Kooperation mit dem Heiligen Geist bei göttlich vorgegebenen Zielen vorangehen. Wir müssen jedoch wissen, wohin es gehen soll.

Die Folgen dieses Prozesses der Selbstverleugnung bringen exakt das Gegenteil von dem, was ein Unkundiger erwarten würde, wenn er allein diesen Begriff als Schlüsselwort der Charakterschulung hören würde. Wer so vorgeht, erstarkt zusehends, weil die lähmenden und selbstzerstörerischen Regungen der Seele kontrolliert und schließlich gänzlich beseitigt werden, so daß unser Geist immer mehr die Dominanz über die Seele erringen kann. Diese wird aus ihrer Guerillaposition herausgedrängt und in den Dienst der Person gestellt. Ich will ganz und gar nicht den Eindruck aufkommen lassen, als ob die Seele von untergeordneter Bedeutung oder gar ein lästiges Übel sei. Sie kann uns nämlich sehr wohl dienen, wenn sie mit göttlichen Gedanken aus dem Worte Gottes gefüllt wird. Dann wird sie nach einiger Zeit anfangen, uns jene Gefühle und Stimmungen zu vermitteln, auf die wir vorher unser Leben lang so erpicht waren, aber die wir nur so selten und so unzuverlässig von ihr erhielten.

Wir brauchen gute Stimmungen und Gefühle. Das Wort Gottes sagt uns ausdrücklich, daß viele andere Segnungen erst dann möglich sind, wenn es unserer Seele wohlgeht:

> **3. Johannes 2**
> **Mein Lieber, ich wünsche, daß dir's in allen Stücken wohlgehe und du gesund seiest, so wie es deiner Seele wohlgeht.**

Es kommt also nicht nur darauf an, die alten Inhalte unserer Seele zu beseitigen. Es müssen ihr auch neue göttliche Inhalte vermittelt werden, damit sie diese umsetzt in spezifisch seelische Leistungen wie zum Beispiel geheiligte Gedanken, gereinigte Willenstätigkeit und wohltuende Gefühle.

Zu den Bereichen, in denen sich die Sabotage unseres alten Selbst, der Seele, besonders verhängnisvoll auswirkt, gehören auch die Gedanken, die uns glauben machen wollen, daß wir nicht anders werden können und daß der Charakter und die Fehlprägungen unlöschbar fixiert sind. Auch diese Gedanken dürfen wir nicht hinnehmen, sondern sollten sie verleugnen. Das Wort Gottes sagt uns, daß wir der Sünde und den Sünden gestorben sind, um der Gerechtigkeit leben zu können. Es muß der Seele nachdrücklich klargemacht werden, daß sie sich und uns eine Lüge anbietet, wenn sie auf die Unabänderlichkeit unseres Wesens pocht. Das stimmt nicht!

Indem der neue Geist durch die Wiedergeburt in unsere Person hineingeboren ist, ist eine neue Instanz da, deren Wachstum und Stärkung dafür sorgen wird, daß wir anders werden können und wollen. Über diesen Geist müssen wir durch unseren Willen der Seele sagen, daß sie abgesetzt ist und daß wir als Person, die wir gänzlich neu geworden sind, mit der Sünde nichts mehr im Sinn haben. Wenn wir das glauben, was das Wort sagt, indem wir es in unserem Herzen behalten und bewegen und damit unser Denken durchdringen und tränken, wird die Richtigkeit des biblischen Wortes über uns beweisbar deutlich werden. Daß wir uns von einem auf den nächsten Augenblick als der Sünde gestorben erleben, das dürfte die seltenere Erfahrung sein, sofern sie überhaupt vorkommt. Mit unserer Wiedergeburt sind zwar in aller Regel unsere Interessen dramatisch verändert worden, aber manche Neigung zu verbotener Lust und mancher Sünde bleibt doch bestehen.

Wenn wir aber darauf pochen, daß unser altes Wesen tot und abgeräumt ist, und wenn wir mit dem erstarkenden Geist der Seele diktieren, was wir glauben — nämlich was Gott sagt —, dann wird sich in unserem Ich mehr und mehr dieses Bewußtsein entfalten, daß die Sünde mit uns nicht umgehen kann, wie sie will. Vielmehr erweisen wir uns als immun und zunehmend unwillig gegenüber ihrem Angebot.

Alle Anteile der neuen Identität sind mit der Wiedergeburt im Keim vorhanden, bedürfen aber der Aktivierung durch eine Folge von Glaubensschritten. Wir wissen ja aus dem Worte Gottes, daß der Glaube nur mit unsichtbaren Dingen umgeht. Genau das geschieht in diesem Zusammenhang. Wenn wir in unsere Innenperson hineinhorchen, werden wir auch als wiedergeborene Christen weitgehend nur die alten Stimmungen und Bewußtseinsinhalte wahrnehmen. Aber wenn wir dem Worte Gottes mehr glauben, weil es wahr ist — auch wenn anfangs noch keine entsprechenden Gefühle freigesetzt werden —, dann werden wir erfahren und später auch fühlen, daß die neue Identität wahr ist und schön und stärker ist als unser altes Wesen. Das ist die hohe Kunst der Selbstverleugnung! Dieser Prozeß hat also eine zweifache Richtung. Einerseits muß der alten Prägung der Seele widerstanden und sie veranlaßt werden, die neuen Wahrheiten anzuerkennen, andererseits wird durch dieselbe ursächlich wirkende Kraft — das geglaubte Wort — dem Geist zum Wachstum und zur Dominanz verholfen.

Und so müssen wir auch mit den anderen noch nicht erwähnten oder nur am Rande gestreiften Anteilen unseres Charakters und unserer Persönlichkeit umgehen: Wir setzen der Lüge der Unfähigkeit das Wort Gottes entgegen, welches sagt, daß wir fähig sind. Wir kontern auf die Beteuerungen der Seele, daß wir sehr begrenzt seien in unserem Vermögen mit dem Worte Gottes, daß wir durch ihn und in ihm bei weitem überwinden. Wir widerstehen unserer Seele, die uns weismachen will, daß man nur gelegentlich und keineswegs durchgehend mit dem Herrn Erfolg haben kann, mit dem Verweis auf das Wort der Schrift, daß wir durch ihn allezeit Sieg haben. Wir lassen nicht gelten, daß unsere früheren seelischen Erfahrungen wie Angst, Unruhe, Depression und Zwanghaftigkeit nun einmal typische und unentrinnbare menschliche Schicksale sind. Wir lassen die Seele gar nicht erst ausreden, wenn sie das vorträgt — und am liebsten immer wieder vorträgt —, sondern wir beharren darauf, daß er unser Friede ist und daß wir durch ihn Freiheit haben, weil wir zur Freiheit berufen sind; und daß wir uns allezeit in ihm freuen sollen, also uns auch freuen können.

Wenn es schließlich zu dem Punkt kommt, daß unsere Seele die nächste körperliche Krankheit vorbereitet, weil sie uns die seelischen Vorläufersymptome von Schwachheit, Behinderung und Bedrohung meldet, dann verleugnen wir unser Selbst mit gesteigertem Nachdruck. Und wenn alle Welt sich anschickt, unter den sich so anbietenden Vorboten kommender Krankheit kopfnickend die Krankheit als unvermeidbar zu empfangen und ihr durch Maßnahmen von Schonung, Angst und Vorsorge den Weg zu bereiten, dann treten wir kühn auf und erheben unser Haupt, um mit kräftigem, glaubensstarkem Wort in den Verrat unserer Seele hineinzufahren.

Wir erklären dann: „Wer sagt denn, daß ich krank werden muß, nur weil ich jetzt Symptome verspürt habe? Willst du, Seele, mich nach meinen alten Mustern, die mich in früheren Jahren und Jahrzehnten regelmäßig aufs Krankenbett gelegt haben, wieder verführen? Wenn mein Herr diese Krankheit getragen hat, dann muß ich sie nicht tragen. Es ist nicht meine Krankheit! Es ist keine notwendige und unabwendbare Krankheit! Ich weigere mich, deine Gedanken anzunehmen, um dadurch die Krankheit zu empfangen."

„Halleluja! Der Herr hat mich befreit von dem Zwang, krank werden zu müssen. Ich höre nicht auf deine Worte, Seele. Für mich gibt es nur eine Wahrheit, und das ist die, durch die der Herr aus seinem Wort zu mir redet."

So wird unser Bewußtsein durch das Wort, das wir mit unserem Willen als verbindliche Norm erklären, gezwungen, sich dem Bilde Gottes anzugleichen. Selbstverleugnung im Sinne des Herrn ist ein erhabenes und würdevolles Regiment unseres neuen Geistes über die Schatten der Vergangenheit. In dem Maße, wie der einzelne Gläubige darin fortfährt, werden die letzten Anteile von Gespaltenheit oder Zerrissenheit aus seinem Leben und Empfinden weichen. Eine unmittelbare Folge davon ist, daß es Satan immer schwerer fallen wird, seine Lügen und verhängnisvollen Absichten in uns zu plazieren, weil sein Brückenkopf, unsere alte unabhängige Seele, ihm immer weniger Terrain bietet.

Wer nicht weiß, wer er in Jesus ist, wird leicht eine Beute der Verführungskünste des Feindes werden. Er setzt nämlich immer bei unserer alten Identität an. Sie ist ja weitgehend durch die Wirksamkeit in unserer vorchristlichen Zeit (leider häufig auch in unserer christlichen Zeit auf Grund von unzulänglicher Lehre) zustande gekommen.

Der Teufel kennt unsere alten Reaktionsweisen, die ja nichts anderes als charakterliche Verfestigungen von früher angenommener Lüge sind. So appelliert er, wenn er sich uns naht, immer wieder an unsere früheren Verhaltensweisen. Reagieren wir auf seine Anfragen oder Bedrohungen in der typischen Weise der alten Natur, dann hat er damit schon weit mehr als fünfzig Prozent seines Zieles erreicht.

Wenn unser Geist neu geworden ist, dann muß er der Seele beibringen, was sie nicht mehr ist. Hat sie das gelernt, dann wird sie nicht mehr dazwischenreden und den Standpunkt des neuen Ichs schwächen, wenn der Feind seine Versuchungen in Gang setzt.

Der Teufel klopft mit bestimmten Gedanken, die von ihm kommen, an die Wohnungstür unseres geistlichen Hauses. Er kommt mit der Nachricht, daß etwa bestimmte Krankheiten oder anderes Unheil im Anmarsch sind. Er weiß natürlich, daß der Wohnungsinhaber, vielleicht ein Christ mit früheren Neigungen zur Wehleidigkeit, an dieser Stelle besonders empfänglich ist. Wenn wir dann die Tür öffnen, um dem Abgesandten des Teufels voll ins Angesicht zu schauen, können und müssen wir sagen: „Du hast dich geirrt. Der, von dem du redest, wohnt nicht mehr hier. Das ist nur derselbe Name. Aber er selbst ist ausgezogen." So muß er sprechen und dem Aufdringling die Tür vor der Nase zuknallen. Das entspricht auch dem theologischen Sachverhalt, denn wir sind in Christus eine neue Person. Der Teufel weiß das auch, will es aber nicht wahrhaben und hofft, daß wir es nicht wissen oder glauben.

Die neue Identität, die nicht ohne unseren Willenseinsatz erreicht werden kann, macht den ganzen Unterschied aus. Ist die Seele gereinigt, diszipliniert und mit neuen geistlichen Inhalten auferbaut, entfallen gewaltige Angriffsflächen feindlicher Versuchungstätigkeit. Der Gesamtertrag dieses Prozesses ist überzeugend und beeindruckend: Der Gläubige hat die Verwandlung vom selbstunsicheren, schwächlichen und zweifelnden Christen in den Niederungen hin zu einer kraftvollen Persönlichkeit vollzogen. Er weiß jetzt, wer er in Jesus ist, versetzt den Teufel in Angst und Schrecken und geht von Sieg zu Sieg.

Ich beschreibe nicht eine Utopie, die sich bestenfalls in einigen auserlesenen seltenen Fällen ereignet. Ich bin davon überzeugt, daß wir alle, die wir die Lehre unseres Herrn bejahen, eine solche Entwicklung nehmen sollen und können.

Weil wir uns die Aufgabe gestellt haben, einige „dunkle" Passagen aus den Reden Jesu genauer anzusehen, um sie im Licht des ganzen Evangeliums zu bewerten und zu verstehen, wollen wir am Ende dieses Kapitels noch einmal zurückschauen, um den strahlenden Inhalt dieser Worte im Kontrast zu den möglichen Mißverständnissen des Ersteindruckes noch einmal voll auf uns wirken zu lassen. Die Selbstverleugnung, die jeder Nachfolger Jesu vollziehen soll, beinhaltet, daß wir unser altes Selbst nicht mehr bejahen, pflegen und bestätigen sollen. Wir schauen nicht mehr zurück auf das, was wir früher waren und was sich jetzt noch in Gefühlen, Affekten und vereinzelten Impulsen durchsetzen will. Die biblische Lehre vom Menschen, insbesondere vom wiedergeborenen Menschen, sagt uns, daß wir mit der Anerkennung Jesu als Herrn eine so starke Veränderung unserer selbst erfahren, daß das Wort Gottes dieses Geschehen eine neue Geburt nennt. Die Reste des alten Lebens, die sich in unserer Seele ausdrücken, wollen uns verführen, ihre Äußerungen als unsere wahre Identität anzunehmen. Aber wir durchschauen das Reden der Seele als Lüge, wenn es sich auch noch so realitätsgerecht und echt darstellt. Wir schauen nämlich nicht auf das Sichtbare und auch nicht auf das Fühlbare, sondern auf das, was der Herr in der Tiefe unserer Person mit der Geburt des neuen Geistes angefangen hat.

So treten wir in das neue Leben. Der neue Mensch – es gibt ihn nur durch Jesus – hat seine Mitte in dem neuen, göttlichen Geist. Auf ihn sehen wir. Er stellt unsere wahre Persönlichkeit dar. Die überwundenen Reste unserer alten Identität verleugnen wir.

Kapitel 4

Um Jesu willen das Leben verlieren

Matthäus 16,25
Denn wer sein Leben erhalten will, der wird's verlieren; wer aber sein Leben verliert um meinetwillen, der wird's finden.

Diese Worte waren über Jahrhunderte der biblische Hauptbeleg für die Notwendigkeit, im Martyrium das Leben für den Herrn hinzugeben, damit man es danach in der himmlischen Herrlichkeit voll zurückbekommt. Diese gleichsam traditionelle Deutung des Wortes hat auch fraglos eine gewisse Berechtigung. Wenn wir Jesus lieben und aus Liebe ihm und seinem Reich dienen, kann uns unter Umständen zu gewissen Zeiten und in bestimmten Ländern oder Kulturkreisen das Martyrium widerfahren.

Aber ist das die Hauptaussage Jesu? Finden wir tatsächlich unser Leben erst dann, wenn wir es für den Herrn hingegeben haben? Ich will noch präziser fragen: Müssen wir erst ein Märtyrer geworden sein, um in das Leben einzugehen?

Vielleicht müssen wir ein potentieller Märtyrer sein. Es könnte ja sein, daß Jesus gemeint hat: Jeder, der mir nachfolgen will, muß das mit einer solchen Entschlossenheit tun, daß er nötigenfalls dafür auch stirbt, wenn er sich vor eine solche Entscheidung gestellt sähe. Auch die Berechtigung einer solchen Deutung ist nicht ernsthaft zu bestreiten. Wir sollten so konsequent dem Herrn folgen, daß wir prinzipiell bereit sind, für ihn auch unser Leben zu lassen.

Aber noch einmal die Frage: Geht es Jesus wirklich um diese Konsequenz der Entschlossenheit, um das Leiden bis hin zum Tode? Antwort: Ich sage nein. Zumindest nicht an dieser Stelle!

Wieder stehen wir vor derselben Aufgabe, die wir bereits in den früheren Kapiteln kennengelernt haben. Wir müssen die Worte Jesu aus dem Kontext seiner anderen Worte und dem der ganzen Heiligen Schrift ergründen. Die Aussagen Jesu sind Kostbarkeiten, wie vergrabenes Gold und in der Erde schlummernde Brillanten. Diese müssen auch erst einmal freigegraben und anschließend mehrfach gewaschen werden, bis sie in ihrem ganzen Glanz strahlen können. Davor sind sie möglicherweise unansehnliche und häßliche Erdklumpen ohne Glanz und Schönheit.

Die Aufforderung des Herrn, daß wir um seinetwillen unser Leben verlieren sollen, wird uns, sofern wir einigermaßen seelisch gesund sind, nicht sonderlich beglücken. Wir erkennen die Notwendigkeit an, für ihn unser Leben hinzugeben. Aber wir spüren, daß der Herr hier etwas anderes meinte.

Im griechischen Text steht sowohl in der Matthäus- als auch in der Lukasversion an dieser Stelle für das Wort „Leben" der Begriff „psyche". Er meint, wie übrigens auch der entsprechende Begriff im Hebräischen, sowohl Leben als auch Seele. Von diesem Wort kommt übrigens auch unser Begriff Psyche, der identisch ist mit dem Begriff Seele. Es gibt nun vom griechischen Text her keine Möglichkeit, durch etwa vorhandene besondere grammatikalische Konstruktionen oder Satzformen zu entscheiden, ob „Seele" oder „Leben" gemeint ist. Die Bedeutung ergibt sich nur aus dem Satzzusammenhang, wobei die Unterschiede naturgemäß nicht zu groß sein dürfen, denn es muß ja ein innerer Zusammenhang zwischen beiden Bedeutungen bestehen. Und dieser ist in der Tat vorhanden. Das typisch Lebendige, das wir an uns Menschen wahrnehmen, ist nun einmal gebunden an die Äußerungen unserer Seele.

Lesen wir nun einmal die Worte Jesu mit der Übersetzung des Begriffes Psyche als Seele: Denn wer seine Seele erhalten will, der wird sie verlieren; wer sie aber verliert um meinetwillen, der wird sie finden.

Damit sind wir ganz nahe an dem Befund, mit dem wir das letzte Kapitel beendet haben. Jesus fordert uns auf, daß wir uns von der alten Identität, die ihre Begründung in unseren alten seelischen Prägungen hatte, distanzieren. Wer sein altes seelisches Selbst bejaht und die negativen und verräterischen Äußerungen der Seele als die wahre und einzige innere Realität ansieht, paktiert mit der

Lüge und stellt sich gegen das neue Leben aus Gott, das wir empfangen haben.

Wer seine alte Seele mit ihren Inhalten und Lebensäußerungen festhalten will, der wird das wahre Leben verlieren. Wir können und müssen sofort auch formulieren: Wer die alten seelischen Prägungen festhält, der verliert auch seine Seele. Das liegt einfach in den selbstmörderischen und zerstörerischen Kräften der Seele begründet, die sich selbst aufs Schafott bringt.

Aber Jesus sagt dir, daß du dich um seinetwillen abkehren sollst von dem alten Leben, damit du das neue Leben, gleichbedeutend mit der neuen Seele, erlangen und genießen kannst. Wir können nicht beides gleichzeitig haben! Hier gibt es ein hartes „entweder — oder". Wer sich für seine alte Identität entschieden hat und meint, daß er das seiner Seele schuldig sei, der wird mit Zuverlässigkeit die neuen Erfahrungen im Geist und dann später auch seiner Seele nicht machen können. Er geht am Leben vorbei. Wer seine alte Psyche verliert, der nimmt Abstand davon, auf das Sichtbare und Fühlbare bisheriger Form und Ausprägung zu schauen. Er achtet statt dessen auf die unscheinbaren und kaum erkennbaren Regungen seines Geistes, die aber das widerspiegeln, was das Wort Gottes über ihn und seine neue Identität sagt. Wenn der Gläubige dann konsequent die Beschreibung seines neuen Wesens, seines neuen Lebens bejaht, und wenn er weiß und glaubt,

daß er der ist, der Gott sagt, daß er es sei,
daß er das hat, was Gott sagt, daß er es habe,
daß er das kann, was Gott sagt, daß er es könne,

dann bekommt er tatsächlich ein ganz neues Leben. Und dieses Leben bleibt nicht verborgen in der Tiefe seines Geistes, es wird sichtbar!

Die Ausführungen des Herrn zu dem Thema „Leben/Seele erhalten und verlieren" beginnen mit einem „denn". Das heißt doch, daß der Inhalt dieses Satzes die Folge von den Erfahrungen ist, die wir mit jenen Worten Jesu machen, die uns davor gesagt worden sind. Wir lesen: Will mir jemand nachfolgen, der verleugne sich selbst und nehme sein Kreuz auf sich und folge mir, w e i l derjenige, der sein Leben erhalten will, es verlieren wird, und der, der sein Leben um meinetwillen verliert, es finden wird.

Allein schon aus dieser rückbezüglichen Verbindung des Satzes zu dem Gebot der Kreuzaufnahme und Selbstverleugnung müssen wir folgern, daß der Vers 25 schlicht die Konsequenz der Aussagen von Vers 24 ist.

Was für eine herrliche Aussage! Es ist mitnichten so, daß uns der Herr, kaum daß wir der Welt entflohen sind und auf wackligen geistlichen Füßen die ersten Schritte ihm nachgehen, zum Martyrium ruft. Deine Angst, lieber Leser, die du möglicherweise seit Jahren oder Jahrzehnten im Hinblick auf dieses Wort gehabt hast, ist unbegründet. Gott will keine ängstlichen und selbstunsicheren Märtyrer haben, die nicht wissen, ob sie die Qual durchhalten werden und nicht im letzten Augenblick umkippen.

Märtyrer zu sein und Verfolgungsleid auf sich zu nehmen ist nicht die erste Priorität der Christen. Wer dennoch diesen unbiblischen Akzent setzt, schadet sich selbst. Hinter dem forcierten und über die biblische Norm betonten Gebot der Märtyrerpflicht und hinter dem hohen Lob des Leidens um Jesu willen steckt in letzter Konsequenz eine ungeistliche Theologie. Es ist die Verherrlichung des Leidens um des Leidens willen und dahinter die Verherrlichung unserer selbsterwählten idealistischen Hingabe um des Guten willen. Diese Gedanken sind dem Evangelium gänzlich fremd.

In der Ostkirche ist in einer jahrhundertelangen Tradition, die fast ein Jahrtausend währte, das Martyrium in der Tat zum ersten Gebot hochstilisiert worden. Jeder an Jesus Gläubige wird von Anfang an mit der Forderung konfrontiert, daß er nötigenfalls und auch wahrscheinlich sein Leben hinzugeben hat für den Herrn. Wenn das geglaubt wird, weil es so gelehrt wird, dann muß es so erfahren werden.

Das Wort Gottes sagt uns nämlich, daß wir das erfahren, was wir glauben. Wenn also den Christen in Rußland und im heutigen Ostblock diese Erfahrungen zuteil werden sollen oder müssen – wie sie sagen –, dann muß es jemanden geben, der sie das Leid erleben läßt, an dem sie Märtyrer werden können. Die Beschaffung dieses Leides besorgen nun die Christen selbst! Das ist makaber und tragisch, aber das ist die Wahrheit. Sie sorgen durch ihren unbiblischen Glaubenseinsatz dafür, daß immer ein System hochkommt, das sie unterdrückt. So war es dann in Rußland über 1000 Jahre hinweg.

Wenn wir die Akzente biblischer Betonung versetzen, landen wir in jedem Fall im ungöttlichen Abseits, auch wenn diese Position noch so erhaben und religiös-elitär erscheint. Unsere kostbaren und hingegebenen Brüder und Schwestern im osteuropäischen Raum haben sich die Tradition des Unterdrücktwerdens und des Leidens selbst verordnet. Statt glaubensstark für die Obrigkeit einzutreten und durch ihre Gebete dafür zu sorgen, daß die Regierungen und Systeme göttliche Gedanken und Werte zur Basis ihres Handelns und der Gesetzgebung erwählen, haben die Gläubigen durch ihre unbiblischen, dem Willen Jesu zuwiderlaufenden Leidensprioritäten die Obrigkeit indirekt in die jahrhundertelangen antigöttlichen Herrschaftsformen getrieben.

Mit ihrem verkehrten Verständnis haben sie dann schließlich das geerntet, was sie gesät haben. Und sie können nur unter solchen Bedingungen leben. Wir wissen, daß sie eine inbrünstige und leidenschaftliche Frömmigkeit pflegen, aber sie wissen nichts oder sehr wenig von dem neuen und strahlenden Leben in Christus, von den Auswirkungen eines geisterfüllten Lebens in der Nachfolge Jesu auf der Höhe seiner uns gegebenen Offenbarungen. Sie haben das empfangen, was sie in den Text hineingelesen haben, um das in großer Breite zu verpassen, was wirklich in den Worten Jesu enthalten ist. Aber, Preis sei Gott, auch diese unsere kostbaren Geschwister erwachen allmählich und erkennen ihre herrliche Position in einem neuen Leben mit Jesus Christus. Immer mehr Gläubige nehmen wahr, daß sie nicht dazu berufen sind, in erster Linie zu leiden, sondern Jesus durch ein kraftvolles und überwindendes Leben zu verherrlichen.

Wir stehen also vor der Alternative, daß wir entweder unsere alte Identität festhalten, um dadurch das neue Leben in Christus mit seinen Ausprägungen im Sichtbaren, Fühlbaren und Erfahrbaren zu verfehlen, oder aber unsere alte Identität zu verleugnen, um dann die Entwicklung unseres neuen Seins in Christus in Deutlichkeit, Schönheit und Vollmacht zu erfahren. Wenn das die beiden Alternativen sind, dann stellt sich die Frage, wo die meisten Christen heute stehen.

Auf Grund mangelnder biblischer Belehrung versuchen die Gläubigen heute überwiegend, beides zu verbinden. Sie haben das neue Leben in Jesus ergriffen, das heißt, kraft ihrer Wiedergeburt einen neuen Geist bekommen, der auf das Wort Gottes anspricht. Aber sie trennen sich nicht von ihrer alten Identität und leben so ihre gewohnten Gedanken, Impulse und Reflexe voll aus. Die Folge dieses Verhaltens ist in Breite und Gesetzmäßigkeit die, daß solche Gläubigen mit Überzeugung Christen sind, aber die Verheißungen des Reiches Gottes nicht sichtbar in ihrem Leben erfahren. Alles spielt sich nur in der Tiefe ihres Herzens ab. Im sichtbaren Erleben, in den Herausforderungen der Umwelt herrscht Leid, Schwachheit und Armseligkeit. Solche Gläubigen haben das neue Leben in sich und präsentieren das alte Leben an sich.

In der Fassung nach Lukas lesen wir im Anschluß an die Worte, die wir eben besprochen haben: „Denn welchen Nutzen hätte der Mensch, ob er die ganze Welt gewönne und verlöre sich selbst oder nähme Schaden an sich selbst?" (Lukas 9,25) Das sind doch ernste Worte, die uns zu denken geben sollten. Wer seinem alten Wesen treu bleibt, der verliert letztlich sich selbst. Du bringst dich um deine Chancen, um das neue und erfrischende göttliche Leben, wenn du nicht den Mut hast, den Worten Jesu zu folgen. Mache eine Zäsur in deinem Leben und prüfe alles, was aus den Tiefen deiner Seele hochsteigt, um dir Anweisungen zu geben, um dich zu manipulieren und zu dirigieren.

Wenn das Material, das aus der Tiefe deiner Seele hochsteigt, nicht dem entspricht, was der Herr über dich und über deine neue Lebensform sagt, dann mußt du den Mut haben, deinen Willen zu gebrauchen und dieses Leben zu beenden. Widerstehe deiner alten Psyche, zwinge sie, sich deinem neuen Denken unterzuordnen und lasse sie hinter dir. Du sollst keinen Schaden nehmen an dir selbst.

Das neue Leben soll Nutzen für dich bringen. Wenn dich das im Hinblick auf dein eigenes Leben nicht beeindrucken sollte (was wieder ein Beweis für eine religiöse und unechte Denkweise wäre), dann sei wenigstens von Nutzen für deinen Herrn und für deine Umgebung, die mit großer Sehnsucht nach den Erweisen von Gottes Kraft, Leben und Liebe Ausschau hält.

Kannst du diese Botschaft annehmen, oder hast du deine geheimen Fragen und Zweifel, ob diese Sicht korrekt ist? Ertappe ich dich dabei, daß du still in deinem Herzen denkst: „Das klingt ja nicht schlecht, und es ist schlüssig. Aber wer sagt mir, daß diese Art der Erklärung der Worte Jesu wirklich zutreffend ist? Ich möchte mich dem gern anvertrauen, aber mir kommt das noch zu glatt oder zu schön vor. So wohltuend und erquickend darf doch das Evangelium gar nicht sein!"

Wirklich nicht? Soll denn die frohe Botschaft insgeheim eine belastende Botschaft sein?

Ist diese Deutung der Worte Jesu aus der Schrift zu sichern? Wir wollen dazu eine Stelle aus Lukas studieren:

> **Lukas 17,32-33**
> **32 Gedenket an Lots Weib!**
> **33 Wer da sucht, seine Seele zu erhalten, der wird sie verlieren; und wer sie verlieren wird, der wird ihr zum Leben helfen.**

Hier haben wir den Schriftbeweis. Allerdings nicht so sehr hinsichtlich der Tatsache, daß hier Seele statt Leben steht, denn das obliegt bei dem gegebenen griechischen Wort „psyche" allein der Willkür des Übersetzers. Entscheidend ist der Textzusammenhang. Jesus sagt im Umkreis des Themas „Seele und Leben verlieren und erhalten": Gedenket an Lots Frau!

Lots Frau war keine Märtyrerin, die ihr Leben in Treue, Mut und Gehorsam für Gott hingegeben hat. Lots Frau verlor ihr Leben, weil ihre Seele dem Alten zugetan war. Sie wollte die Gedanken und Erinnerungen an Sodom und Gomorra mit dem Leben, das sie dort geführt hatte, festhalten und nicht hergeben. Deswegen sah sie sich um.

Lots Frau schaute voller Sehnsucht und Abschiedsschmerz auf das alte Leben. Indem sie zurückschaute, verlor sie ihr Leben und ihre Freiheit und wurde zur Bitternis in Person, zur Salzsäule.

Weil die Frau von Lot mit ihrer Seele an dem Lebensstil der Menschen in Sodom und Gomorra hing, deswegen verlor sie auch ihr Leben.

Jesus, unser großer Meister und auch der Meister der Schrift, hat seine eigenen Worte erklärt. Anhand des Beispiels von Lots Frau machte er auf die Tragik aufmerksam, die bei den Berufenen Gottes einsetzen wird, die das neue Leben empfangen haben und sich seelisch zum alten Leben orientieren. Lots Frau und ihr Schicksal ist der Beweis dafür, daß Jesus hier nicht vom Martyrium redet, denn ihr Tod war nicht ein Märtyrertod, sondern das Umkommen im Festhalten am alten Leben. Die angebotene Deutung der Worte Jesu ist also gesichert. Jesus selbst hat die bindende Interpretation gegeben.

Die eigentliche Botschaft Jesu aus diesen Worten an uns ist doch die, daß wir unser Leben finden sollen. Jesus hat sein Leben für uns gelassen, nicht damit wir lediglich religiös geprägte Menschen werden, die im Zentrum ihres Denkens transzendente Werte und Gedanken pflegen und wissen, daß sie eines Tages in die himmlische Herrlichkeit eingehen werden. Jesus bietet uns neues Leben an, das wir mit unseren Willensentscheidungen in unserer neuen Identität aufgreifen sollen, um es auszuleben und dadurch sichtbar zu machen.

Wenn wir der Einladung unseres Herrn folgen, werden wir erfahren, daß sein übernatürliches Wort, das zunächst eine übernatürliche geistliche Geburt in uns bewirkt hat, anschließend eine starke und kraftvolle Persönlichkeit schafft. Der Weg dazu ist einzigartig und nicht austauschbar. Gott spricht zu unserem Geist, der bejahend und glaubend auf die Zusagen und Verheißungen Gottes reagiert. Indem unser Geist wächst, prägt er die Seele, der er die Gefolgschaft aufkündigt und die er unter seine Herrschaft bringt. Diesen Weg des Wachstums unseres geistlichen Lebens und damit unserer gesamten Persönlichkeit beschreiben die Worte unseres Herrn. Laßt uns genauso vorgehen, wie er es gesagt hat, und wir werden exakt die Resultate sehen, die er verheißen hat.

Wenn der Heilige Geist redet, wozu er in erster Linie das geschriebene Wort der Heiligen Schrift benutzt, dann ist er niemals bedrohlich. Jede Interpretation der Worte Gottes, die Angst, Zwang und Unruhe oder auch nur Unbehagen erzeugt, ist von ungöttlicher Natur. Selbst wenn Gott uns korrigiert und zur Umkehr auffordert, tut er es auf dem Hintergrund seiner Güte und im Hinblick auf die neuen Qualitäten von Leben und Freude, die er uns zeigt, damit wir umkehren.

Das Wort Gottes sagt uns jedoch auch unmißverständlich, daß es Widerstand vom Teufel gegen das Volk Gottes gibt, der ausgeführt wird von Menschen, die sich von ihm gebrauchen und mißbrauchen lassen. Aber hör den Tenor der Worte Jesu: Du sollst nicht vor den Angriffen und Anläufen des Feindes zittern, der dich vertilgen und dir das Leben zur Hölle machen will. Der Widerstand des Feindes um Jesu willen und wegen deiner Treue zu ihm ist dir gewiß, jedoch nur dann, wenn du zuvor die Segnungen des Herrn erfahren hast. Es gibt für den Teufel keinen Grund dich zu attackieren, solange du im alten Denken verweilst. Was du dann erleidest, erleidest du als die Folgen deines Ungehorsams.

Widerstandbedingtes Leid durch den Widersacher kommt erst nach der Erfahrung von Bestätigungen und Segnungen Gottes auf deinem Glaubensweg. Ohne Segen kein Widerstand, ohne Widerstand kein Kreuz. Als ein erstarkter und fröhlicher Zeuge in Christus wirst du das Kreuz aufnehmen und nicht darunter ächzen und stöhnen. *Unser Kreuz* gehört den Gesegneten. Das Kreuz des Herrn macht das erst möglich.

Deswegen tritt ein in den Segen. Verleugne dich selbst und lege das alte Leben ab. Dann erst kannst du dein Kreuz aufnehmen und erst dann wirst du ihm in Freude nachfolgen.

Kapitel 5

Das Kreuz tragen – allem absagen – Jesu Jünger sein

In diesem Kapitel geht es um Jüngerschaft. Der Begriff Jüngerschaft ist fraglos populär geworden, er ist „in" und hat fast etwas Modisches an sich. Das muß nicht verkehrt sein, denn Jüngerschaft ist in der Tat ein zentraler biblischer Begriff.

Wir sollen nicht nur Kinder Gottes sein, wir sollen auch in der göttlichen Schule lernen, ja, wir sollen regelrecht Schüler sein. Denn das besagt der Begriff Jünger. Nun müssen wir nur darauf achten, daß wir im Verständnis dieser Rolle, die wir einnehmen sollen, ganz eng bei den Worten unseres Herrn und Lehrers bleiben.

Wenn wir die Aussagen unseres Herrn zum Maßstab für die Definition des Jüngerseins machen, sehen wir uns erneut Worten gegenüber, die auf den ersten Anschein etwas Befremdliches und Bedrohliches an sich haben. Wir dürfen aber auch in diesem Fall davon ausgehen, daß die wahre Bedeutung der Worte Jesu nicht bedrängend und Angst erzeugend ist.

Jesus setzt die bisher behandelte Thematik fort und verlängert sie in Richtung Jüngerschaft, wenn er folgendes sagt:

> **Lukas 14,27**
> **Und wer nicht sein Kreuz trägt und mir nachfolgt, der kann nicht mein Jünger sein.**

Die Bedeutung des Kreuztragens ist uns hinreichend bekannt geworden und hat alles Erschreckende eingebüßt. Anhand von Matthäus 16 haben wir erkannt, daß Nachfolge Jesu eigentlich erst dann möglich ist, wenn wir die Voraussetzungen des Kreuztragens erfüllt haben: Zuerst kommt der Segen durch Annahme des Wortes Jesu, dann kommt die Ablehnung durch die Umwelt (meistens der religiösen Umwelt, die sich zuerst meldet), und all das durch den Widersacher, der Menschen für seine feindlichen Zwecke mißbraucht. Erst dann ist die Befähigung zur Nachfolge gegeben.

Dieses Wort aus dem Lukasevangelium fügt zur bisherigen Reihenfolge von Ursache und Wirkung eine weitere Station hinzu. Nur wer in dem beschriebenen Sinne Jesus nachfolgt, der kann sein Jünger sein. Wer bei Jesus zur Schule gehen will, kann es nicht in der abstrakten Lernsituation einer theologischen Schule zu Lernfortschritten bringen. Er muß mit seinem ganzen Wesen dem Herrn nachfolgen. Dabei wird er lernen. Wir behalten also diese Abhängigkeit von Nachfolge und Schülersein im Auge. Sie weist exakt die gegensinnige Reihenfolge von dem auf, was wir von unserem natürlichen Verständnis her erwarten würden.

Ein weiteres Wort bringt zu dem Thema Jüngerschaft eine deutliche und wahrscheinlich ebenfalls Angst erzeugende Zuspitzung:

Lukas 14,33
Also auch ein jeglicher unter euch, der nicht absagt allem, was er hat, kann nicht mein Jünger sein.

Das ist unangenehm. Der Preis kommt uns recht hoch vor, und manch einer, der das liest, wird sich fragen, ob der Nutzen des Schülerseins bei Jesus in Relation steht zu den Bedingungen, die der Herr dafür vorschreibt. Wir sollen allem absagen, was wir haben, um dadurch ein Schüler des Herrn zu werden. Tatsächlich, eine ausgesprochen häßliche Bedingung. Wo bleibt hier die Gültigkeit der vorher getroffenen Feststellung, daß der Herr von uns keinen gewaltigen Preis erwartet, um uns nachher etwas geistliches Leben zu geben?

Nun, wir sollten die Zusammenhänge in größerer Breite anhand des Wortes Gottes ins Auge fassen. Dabei müssen wir noch weitere unangenehme Details hören, die uns auch zunächst eher abschrecken als anziehen. Folgende Schriftstellen geben uns eine Auskunft darüber, wie wir im Sinne Jesu seine Jünger werden können:

Lukas 14,25-35
25 Es ging aber viel Volks mit ihm; und er wandte sich und sprach zu ihnen:
26 So jemand zu mir kommt und hasset nicht seinen Vater, Mutter, Weib, Kinder, Brüder, Schwestern, auch dazu sein eigen Leben, der kann nicht mein Jünger sein.
27 Und wer nicht sein Kreuz trägt und mir nachfolgt, der kann nicht mein Jünger sein.
28 Wer ist aber unter euch, der einen Turm bauen will, und sitzt nicht zuvor und überschlägt die Kosten, ob er's habe, hinauszuführen?
29 auf daß nicht, wenn er den Grund gelegt hat und kann's nicht hinausführen, alle, die es sehen, anfangen, sein zu spotten,
30 und sagen: Dieser Mensch hob an zu bauen und kann's nicht hinausführen.
31 Oder welcher König will sich begeben in einen Streit wider einen anderen König und sitzt nicht zuvor und ratschlagt, ob er könne mit zehntausend begegnen dem, der über ihn kommt mit zwanzigtausend?
32 Wo nicht, so schickt er Botschaft, wenn jener noch ferne ist, und bittet um Frieden.
33 Also auch ein jeglicher unter euch, der nicht absagt allem, was er hat, kann nicht mein Jünger sein.
34 Das Salz ist ein gutes Ding; wenn aber das Salz kraftlos wird, womit wird man's würzen?
35 Es ist weder auf das Land noch in den Mist nütze, sondern man wird's wegwerfen. Wer Ohren hat, zu hören, der höre!

Lukas 9,25-26
25 Denn welchen Nutzen hätte der Mensch, ob er die ganze Welt gewönne und verlöre sich selbst oder nähme Schaden an sich selbst?
26 Wer sich aber mein und meiner Worte schämt, des wird sich des Menschen Sohn auch schämen, wenn er kommen wird in seiner Herrlichkeit und seines Vaters und der heiligen Engel.

Matthäus 10,32-33.37-39
32 Wer nun mich bekennet vor den Menschen, den will ich auch bekennen vor meinem himmlischen Vater.
33 Wer mich aber verleugnet vor den Menschen, den will ich auch verleugnen vor meinem himmlischen Vater.
37 Wer Vater oder Mutter mehr liebt als mich, der ist mein nicht wert; und wer Sohn oder Tochter mehr liebt als mich, der ist mein nicht wert.
38 Und wer nicht sein Kreuz auf sich nimmt und folgt mir nach, der ist mein nicht wert.
39 Wer sein Leben findet, der wird's verlieren; und wer sein Leben verliert um meinetwillen, der wird's finden.

Schülersein heißt also, bei Jesus lernen wollen. Wir haben schon gesehen, daß wir durch ihn zwei herausragende Tugenden und

Lebensnormen lernen können: Demut und Sanftmut. Aber das ist nicht alles. Jesus mutet uns in seinen Ausführungen einiges mehr zu, was wir erlernen sollen, um uns dadurch als rechte Schüler zu erweisen:

Lukas 14,26
So jemand zu mir kommt und hasset nicht seinen Vater, Mutter, Weib, Kinder, Brüder, Schwestern, auch dazu sein eigen Leben, der kann nicht mein Jünger sein.

Das haben wir doch sofort verstanden, daß Jesus nicht im Ernst gemeint haben kann, daß wir Vater, Mutter, Kinder, Brüder usw. und sogar unser eigenes Leben hassen sollen, um dadurch seine Jünger zu werden. Das Problem ist das Wort „hassen". Man könnte mit viel gutem Willen aus dem Griechischen auch die Bedeutung des Verabscheuens oder des Vernachlässigens herauslesen, wobei zugegebenermaßen diese Abschwächungen doch nicht ganz eindeutig zu belegen sind. Es bleibt dabei, daß Jesus doch „hassen" gesagt und gemeint hat.

Aber diese Aufforderung steht in einem nicht überbrückbaren Gegensatz zu der sonstigen Lehre unseres Herrn. Wir sollen nicht hassen. Wir sollen lieben. Und wir sollen auch nicht uns selbst hassen oder ablehnen. Demnach kann das übliche Verständnis von Hassen hier nicht vorliegen. Aber auf der anderen Seite will der Herr hier mit Sicherheit ein Prinzip von größter Wichtigkeit und Dringlichkeit herausstellen, sonst hätte er nicht zu dieser Formulierung gegriffen. Ich will den Leser schon jetzt darauf vorbereiten, daß wir uns einer ganz kostbaren Wahrheit von höchster Priorität nahen. Und in der Tat geht es hier um Prioritäten im engeren Sinne. Die oben zitierten Worte Jesu aus Matthäus 10 helfen uns da weiter:

Matthäus 10,37-38
37 Wer Vater oder Mutter mehr liebt als mich, der ist mein nicht wert; und wer Sohn oder Tochter mehr liebt als mich, der ist mein nicht wert.
38 Und wer nicht sein Kreuz auf sich nimmt und folgt mir nach, der ist mein nicht wert.

Wir sollen Jesus allen anderen und allem anderen vorziehen. Lieben heißt doch, den anderen zu begehren, sich mit ihm zu verbinden und sich mit ihm zu identifizieren. Insofern heißt Lieben, jemand in sich aufzunehmen und ihm im eigenen Herzen einen Platz zuzuweisen.

Nun konfrontiert uns unser Herr mit einer erstaunlich einfachen Wahrheit. Wenn wir ihn durch unsere Wahl und Wertschätzung in uns aufnehmen, dann sind wir eben nicht mehr mit unserem eigenen Ich alleine, sondern wir sind „ich" und Jesus zusammen. Er mit seiner gewaltigen und wichtigen, kostbaren Persönlichkeit ist mit uns eine Einheit. Und die ist wertvoller als wir alleine ohne ihn. Wir sind in den Augen unseres Gottes über die Maßen wertvoll und wichtig. Aber wir nehmen noch an Wert zu, wenn wir Jesus als unseren Herrn in uns aufnehmen, und wir büßen unseren Wert ein, wenn wir uns relativ von ihm trennen, weil wir anderes ihm vorziehen. Das ist Unabhängigkeit und das ist Freisein von Jesus.

Die formale und inhaltliche Ähnlichkeit der Aussagen des Herrn in Matthäus 10,37 und Lukas 14,26 ist offensichtlich. Vater, Mutter, Brüder hassen ist identisch mit der grundsätzlichen Entscheidung, Jesus mehr als alles andere (Menschen und Umstände) zu lieben.

Die Gretchenfrage: Wovon lebst du?

Es bleibt doch die Frage, weswegen der Herr zu der so drastischen Bezeichnung „hassen" gegriffen hat, um herauszustellen, daß er Vorrang vor allem hat. Warum legt Jesus so großen Wert darauf, daß wir, die wir seine Jünger werden wollen, uns innerlich von unseren Verwandten und allen anderen nahestehenden Menschen trennen und auch unser eigenes Leben hassen?

Die Antwort auf diese Frage ist bereits vorbereitet durch die Entdeckung, die wir gemacht haben, als wir über den Worten des Herrn gebrütet haben, daß wir uns selbst verleugnen und um seinetwillen unser altes Leben oder unsere alte Seele aufgeben sollen. Auch in diesem Wort aus dem Munde Jesu steht für Leben wieder Psyche, was also auch mit Seele übersetzt werden könnte. So ist die Aussage unseres Herrn eigentlich nur eine Verlängerung seiner früheren Erklärung, daß wir uns strikt von allem Alten und Gewohnten und vor allem von alten seelischen Prägungen trennen sollen, die noch aus der Zeit unserer Unabhängigkeit von Gott herkommen.

Aber diese Distanzierung vom Alten betrifft offensichtlich nicht nur eigene Erlebnisse und ihre Speicherung in unserem Charakter, sie erstreckt sich auch auf unsere aktuellen Beziehungen zu vertrauten Menschen unserer Umgebung. Wer Jesus nachfolgen will, der muß schon einige drastische Entscheidungen treffen, andernfalls kann er dem Herrn gar nicht folgen. Das entspricht der Aussage des Herrn in Vers 26, wo es heißt: „der kann nicht mein Jünger sein."

Diese Wahrheit dürfte wiederum Ängste erzeugen. Aber es wiederholt sich das Spiel, das uns mittlerweile bekannt ist: Die Botschaft unseres Herrn ist eine frohe Botschaft. Und wenn sie doch beim Hören Unbehagen erzeugt, dann haben wir sie nicht in ihrer wahren Bedeutung und Schönheit erfaßt. Es muß ein Mißverständnis vorliegen. Aber auch diesmal kann ich keine sanfte und erst recht nicht seichte und liebliche Deutung geben, die es uns erlaubt, lächelnd und entscheidungsfrei in einen neuen Zustand von Wohlbehagen und Lust hinüberzugleiten. Das ist bei dem Zusammenhang, den ich hier erkennen kann, ganz und gar nicht gegeben.

Der Herr erwartet von uns eine dramatische Entscheidung in der Hinsicht, daß wir uns keine Impulse, Bestätigungen, Zuwendung und Liebe von den nächsten Angehörigen oder unserer Umgebung holen. Das ist eine zentrale Wahrheit des Neuen Testamentes: Wollen wir Jesus wirklich erfahren und ihm im Glauben an ihn nachfolgen, dann darf es neben ihm keinen weiteren vorrangigen oder auch nur wichtigen Lieferanten von Weisung, Beifall, Liebe und Ehre geben.

Jesus sagt in Johannes 5,44: „Wie könnet ihr glauben, die ihr Ehre voneinander nehmet? Aber die Ehre, die vom alleinigen Gott ist, suchet ihr nicht."

Es ist dem Nachfolger Jesu nicht erlaubt, Menschen anzuzapfen, um von ihnen Ehre und Liebe zu suchen, durch die er sich dann auferbaut und daraus lebt. Dieses Gebot ist so vorrangig, und es gilt so uneingeschränkt, daß Jesus zu diesen drastischen Formulierungen des Hassens, denen wir zunächst mit Kopfschütteln gegenüberstehen, gegriffen hat.

Wer wirklich von Jesus lernen will, das heißt, voranschreiten will in Erkenntnis, Wissen und Reife, der muß diese Entscheidung treffen, nur von Jesus Wahrheit und Liebe zu begehren. Aber unser

Herr weiß, daß selbst eine solche Formulierung nicht ausreichend ist. Wenn es darum geht, unser Verhältnis zu unserem Herrn positiv zu beschreiben, sind wir ja zu den großartigsten Beteuerungen fähig. Wie häufig haben wir nicht selbst gesagt oder andere sagen hören: „Herr, dir vertraue ich ganz und gar. Du bist mein ein und alles. Ich mache mich allein und gänzlich von dir abhängig. Wie danke ich dir, daß du als mein Herr und Gebieter in mein Leben hineingetreten bist. Nie will ich von dir lassen, nie will ich dich enttäuschen. Du hast den ersten Platz in meinem Leben inne."

So etwas geht uns leicht über die Lippen. Aber es kann auch sehr billig sein. Die Kehrseite solcher Bekundungen, nämlich die tatsächliche Trennung von den bisherigen Lieferanten von Anerkennung, Sicherheit und Bestätigung, ist schon viel konkreter. Die tatsächliche Durchführung dieser Entscheidung, sich seinen Eltern und seiner Familie zu entziehen und seine Sicherheit nicht mehr in Beziehungen, guten Verbindungen und in seinen eigenen alten Fähigkeiten und Fertigkeiten zu suchen, sie allein beweist, ob man sich wirklich dem Herrn anvertraut oder doch insgeheim – trotz großspuriger geistlicher Reden – im alten Leben stehenbleibt. Jesus sagt uns: Wer von Menschen Ehre holt – und das schließt Menschenabhängigkeit und Menschenfurcht ein – der kann nicht glauben.

Wir sehen also, daß es hier zweimal um das nicht können geht! Wer sich nicht von Menschen trennt, auch von sehr nahestehenden Menschen der Familie oder der direkten Umgebung, kann kein Schüler des Herrn werden, das heißt, er kann nicht lernen und wachsen, denn er kann nicht glauben. Diese Wahrheiten erläutert Jesus an dem Negativ-Sachverhalt, indem er darauf hinweist, daß Nachfolge totale innere Trennung von allen bisher Bestätigung gebenden Menschen und Faktoren darstellt.

Dieser biblischen Theorie entspricht exakt die Seelsorgeerfahrung. Ich habe mir nämlich im Hinblick auf meine mehrjährigen pastoralen Beobachtungen die Frage vorgelegt: Was war das Typische an jenen Schwestern und Brüdern, die im Laufe der Jahre einfach nicht wachsen wollten oder gar nach einiger Zeit von der Bildfläche verschwanden? Was waren die ins Auge fallenden Faktoren und Merkmale bei denen, die ein auffallendes geistliches Wachstum bewiesen?

Die Frage zu stellen bedeutete schon, die Antwort zu sehen. Wer in seiner alten Umgebung blieb, von seinen Freunden nicht lassen konnte, wer Angst hatte vor seiner Familie und vor ihr nicht klar bekennen wollte, daß er an Jesus glaubte und was ihm das bedeutete, das waren die Menschen, die nicht vorankamen und häufig sogar vom Glauben abfielen. Ihnen war es wichtiger, von ihrer Umgebung angenommen zu sein, durch sie Bestätigung zu erfahren, und sie konnten es nicht ertragen, aus ihrem gewohnten Freundes- und Arbeitskreis Spott, Anfragen und Hohn zu erleben. Sie waren durch Menschengefälligkeit und Menschenfurcht gebunden. Deswegen nahm der Herr nur eine untergeordnete Position in ihrem Leben ein.

Ich habe im Rückblick die erstaunliche Tatsache festgestellt, daß Jesus in dem Erweis von vollkommener Gerechtigkeit, wissend, daß einige Gläubige besonders stark an Menschen gebunden sind, diesen am Anfang ihres Glaubenslebens aus Gnade besonders starke und häufig sogar spektakuläre Erfahrungen zuteil werden ließ.

Ich denke an einen jungen Mann, nennen wir ihn Karl, der stark an Menschen und auch an Geld gebunden war, und der bei seinem ersten Besuch in unserer Gemeinde im Verlauf der Predigt, während seiner Lebensübergabe und anschließend nach seiner stattgehabten Bekehrung vor dem Gemeindehaus in seinem Wagen sitzend über fast eine Stunde übernatürliche Erfahrungen mit dem Herrn machte, indem er ihn in seiner strahlenden Schönheit sah und erlebte, wie er zu ihm sprach. Der Heilige Geist wußte, daß er gegenüber Karl besonders viel an übernatürlichen Erlebnissen und initialer Lust aufbieten mußte, um ihn von seinen Festlegungen herunterzuholen. Aber Karl schaffte es dennoch nicht. Er blieb in seinen alten Beziehungen, und diese haben ihn schließlich vom Herrn weggezogen.

Ich habe einige Male ähnliche Erfahrungen bei anderen Christen beobachtet, die mir verraten, daß Gott in seiner Güte denen, die vielleicht durch frühe Prägung und Deformierung besonders an Menschen fixiert sind, derartige spektakuläre Hilfestellungen gibt.

Ein anderer Fall ging besser aus. Eine junge Frau, die schon einige Jahre dem Herrn nachfolgte, kam nicht richtig vom Fleck, weil sie sich an Menschen gebunden hatte, sich dabei Ängste und

Depressionen einhandelte und immer wieder nach Anerkennung und Liebe seitens Menschen Ausschau hielt. Die Folge war ein Zerrissensein zwischen zwanghafter Menschengefälligkeit und Einsamkeit. Als sie auf dem Höhepunkt dieses seelischen Leides einmal eine längere Zeit dem Beten und Fasten widmete, um Gott zu suchen, bekam sie eine Offenbarung, in welcher Jesus ihr selbst entgegentrat und sie fragte, weswegen sie all die Wohltaten, Anerkennung und Liebe, die sie bei ihm haben könnte, ihr Leben lang bei Menschen gesucht habe.

Die Schwester kam verändert aus dieser Begegnung heraus und hat sich im Laufe der Jahre, zugegeben langsam, aber immer stärker abgekoppelt von Menschen und anderen bestätigenden Faktoren im Sichtbaren, um Ehre und Liebe vom Herrn zu holen.

Willst du glauben und willst du ein Schüler des Herrn werden, dann ist Trennung von allen Bestätigungsfaktoren deiner Umwelt und Innenwelt angesagt. Das heißt sehr wohl, daß du dir einen Lustentzug im Hinblick auf die bisherigen Belieferungen von Bestätigung und Freude auferlegen mußt. Aber das heißt nicht, daß du ohne Lust oder mit weniger Lust leben sollst. Die Lustquelle soll ausgetauscht werden. Jesus selbst und seine Verheißungen und mit ihnen der Heilige Geist wollen dir Freude und Wonne sein, aber dir auch lustspendende Weisungen und Lebenserfahrungen zukommen lassen. Indem du das siehst und glaubst, bist du imstande, von der alten Lust, das heißt von alten Beziehungen, zu lassen.

Ich glaube, daß du, lieber Leser, sofort einen Einwand verspürst. Soll das etwa bedeuten, daß ich Vater und Mutter, meine Kinder und Ehefrau (die Schwiegermutter ist interessanterweise in den Aufzählungen ausgelassen) nicht mehr lieben darf und lieben kann? Natürlich ist das nicht gemeint. Durch diese Maßnahme, die der Herr dir anempfiehlt, wirst du überhaupt erst liebesfähig. Was du vorher Liebe genannt hast, war ein Arrangement zur gegenseitigen Ausnutzung. Liebe, die geben will, setzt die Erfahrung der zuvor stattgehabten seelischen Trennung von der zu liebenden Person voraus. Wir können nur dann lieben, wenn wir zuvor vom Herrn Liebe empfangen haben. Nur der Glückliche, der also die Liebe Gottes für sich angenommen hat und so voll von ihr ist, daß sie einfach aus ihm herausplatzt, kann Liebe an andere weitergeben.

Wer sich nicht zunächst selbst lieben ließ, kann gar nicht lieben in dem Sinne, daß er Gutes gibt. Er wird den Nächsten und alle seine Freunde nur gebrauchen, um von ihnen zu nehmen. So ist jenes Lieben von Vater und Mutter, Töchtern und Söhnen, vor dem uns Jesus so eindringlich warnt, bei näherem Hinsehen gar nicht Liebe, sondern Selbstbedienung, die nur Liebe genannt wird.

Wer sich im Zustand solcher Bindung an Menschen dem Herrn nahen will, um von ihm Liebe zu empfangen oder Liebe zu geben oder sein Vertrauen auszusprechen, wird erfahren, daß er dabei außerstande sein wird, eine ehrliche und auch innerlich nacherlebbare Beziehung zum Herrn aufzubauen. Er wird vielleicht den Eindruck haben, daß Gott sich entfernt hat oder bedeckt hält, aber in Wirklichkeit sieht der Sachverhalt ganz anders aus: Während der so denkende Gläubige den Herrn inständig bittet, sich ihm zu erweisen und ihm beizustehen und vielleicht verzweifelt nach Hilfe ruft, ist er selbst doch derjenige, der sich zurückhält und nicht empfangsfähig ist, weil seine Hände voll sind von den Geschenken, die er von Menschen geholt hat oder weil diese Hände andere Menschen umklammern, von denen sie Hilfe suchen.

Wir halten fest: Die „Liebesbeziehung" zu unseren Mitmenschen und Nächsten, die in Wirklichkeit ein Ausdruck von Menschengefälligkeit und Menschenabhängigkeit ist, setzt das Evangelium faktisch außer Kraft. Alles, was Jesus uns an Leben, Sieg, Freude und Kraft vermittelt, wird dadurch wirkungslos.

Jetzt wird auch verständlich, weswegen der Herr in seinen Ausführungen scheinbar unvermittelt den Vergleich mit dem Salz herangezogen hat:

> **Lukas 14,34-35**
> **34 Das Salz ist ein gutes Ding; wenn aber das Salz kraftlos wird, womit wird man's würzen?**
> **35 Es ist weder auf das Land noch in den Mist nütze, sondern man wird's wegwerfen. Wer Ohren hat, zu hören, der höre!**

Die Botschaft ist jetzt sehr eindeutig und leicht zu verstehen. Die Hauptfunktion des Salzes ist, salzig zu sein. Das kraftlose Salz, das mit Wasser und anderen Mineralien eine Verbindung eingegangen ist, ist weder zum Würzen noch zum Düngen nützlich. Es hat seine Funktion gänzlich eingebüßt.

So ist es auch mit dem Evangelium. Wenn wir die Lehre des Herrn über das neue Leben in seiner Nachfolge verbinden mit den alten Elementen menschlicher Lebensführung, die alle etwas mit den gesellschaftlichen Gepflogenheiten von gegenseitiger Abhängigkeit und Ausnutzung zu tun haben, dann verliert unsere Nachfolge allen praktischen Nutzen. Es kommt einfach nichts dabei heraus. Oder sage ich es mit den Worten des Herrn: Diese Art von Nachfolge und Jüngerschaft ist zu nichts nütze.

Wir sehen die Macht der stummen, aber beharrlich aufrechterhaltenen Vorentscheidungen aus dem alten Leben, die in das neue Sein und in die Nachfolge Jesu hineinreichen, in den Gemeinden Gottes auf Schritt und Tritt. Sie betreffen nicht nur Beziehungen und Personen, sondern auch eigene Wünsche, festgehaltene Ziele, bestimmte Lieblingsgedanken, eigene Schätze, finanzielle Sicherungen und überhaupt das fast unausrottbare, krampfhafte Bemühen, in eigenen Sicherheiten zu leben und Ruhe zu finden. Je nachdem, in welchem Ausmaß dieser alte Lebensstil beibehalten oder aufgegeben wird, wird geistliches Leben überhaupt erst ermöglicht und kann sich dann fortentwickeln oder aber nur reduziert als geistliches Vegetieren in Erscheinung treten. Folgende Abstufungen sind möglich:

1. Die Verflechtung und der Verbund mit Menschen ist so fest gefügt und die dahinterstehende Willensentscheidung, nur durch menschliche Bestätigungen und gesellschaftliche Betätigungen zu leben, so unerschütterlich, daß eine Bekehrung überhaupt nicht erfolgen kann.

2. Es kommt wohl zu einer Lebensübergabe an Jesus. Aber weil der neubekehrte Christ seinen alten Freundeskreis und damit sein altes Denken nicht aufgeben will, hat diese Bekehrung keine Auswirkung. Der junge Christ lebt faktisch von den Bestätigungen seiner alten Freunde weiter und holt und empfängt deswegen nicht vom Herrn. Die Folge ist ein Dahinvegetieren in Scheinfrömmigkeit oder formalem Christentum.

3. Die Bekehrung war von einigen Ablösungen aus dem alten Freundeskreis und wenigen Veränderungen in bezug auf Einstellungen und Bekennen vor der Umgebung begleitet. Die Folge ist

langsames und geringes Wachstum, vielleicht in gewisser Stetigkeit. Aber Abenteuer in der Nachfolge sind nicht vorhanden.

4. Der an Jesus gläubig Gewordene hat nicht nur anfänglich einige dramatische Entscheidungen in der Umstellung seiner Beziehungen vorgenommen. Er hat auch später in dem Maße, wie er weitere Einsichten bekam, mutige Entscheidungen vollzogen, seine Lust wirklich nur vom Herrn zu holen. Die Folge ist unübersehbar. Dieser Gläubige erwies sich als ein wirklicher Schüler. Er konnte lernen und hat an geistlicher Reife zugenommen. Sicher gab es anfangs einige umschriebene Blockaden, aber die Grundsatzentscheidung hat ihn über alle Lähmungen hinweggezogen. Er erweist sich als ein froher, lebensbejahender und gesegneter Mensch. Es kann keine Rede davon sein, daß die Aufkündigung der alten Art von Beziehungen ihn beraubt habe. Er steht auch für andere erkennbar auf der Sonnenseite des Lebens. Der Herr fördert ihn an allen möglichen Stellen.

Der Umgang mit Wahrheit und das geistliche Kapital

Wir sind jetzt an dem Punkt angelangt, wo wir uns auf Grund der Aussagen unseres Herrn die mutige Frage vorlegen dürfen: Was bringt oder was brachte mir das Evangelium bisher ein? Ich weiß, daß es aus der Sicht vieler Theologen unschicklich und fast unanständig ist, solche Fragen zu stellen. Aber mich kümmert das nicht. Und was hilft es auch, wenn jene so denken und am liebsten verbieten würden, so zu fragen? Die Menschen stellen sich ja doch diese ganz einfachen Fragen, und zwar alle, auch die Theologen. Diese gestehen sich das bloß nicht ein.

Das ist ja gerade der Hintergrund der Ausführungen Jesu, daß er aufdeckt, wieviele scheinbare Nachfolger sich fortlaufend und konsequent die Frage stellen: Was bringt mir das ein? Wenn sie nicht zu erkennen glauben, daß die Nachfolge Jesu für sie einen verwertbaren Nutzen hat, dann bleiben sie still und selbstverständlich in den alten eingefahrenen Beziehungen, um sich eben durch diese all das zu holen, was nützlich ist, was sie brauchen und worauf sie nicht verzichten wollen. Der Nützlichkeitsgesichtspunkt ist durchgehend vorhanden. Aber auch die Wahrheitsfrage!

Wer Jesus eben nicht glaubt, daß seine Angebote wahr und echt sind, der orientiert sich mit seinem Herzen faktisch anders. Aber indem er den Worten Jesu und dem Angebot des neuen Lebens und der Nachfolge keinen vorrangigen Stellenwert einräumt und darin keine lebens- und lustverschaffenden Wahrheiten erkennt, die das bringen, was sie verheißen, läßt er sich nicht darauf ein und deswegen bekommt er sie auch nicht. Und noch ein „deswegen“: Deswegen sucht er sie auch woanders!

Wenn wir die Worte Jesu zur Kenntnis nehmen, ihnen jedoch keinen Wahrheitsgehalt zubilligen oder nur einen umschriebenen und ideologischen, aber keinen, der in unser Alltagsleben und in unsere Erfahrungswelt hineinreicht, dann erfahren wir eben diese Wahrheiten nicht. Wahrheiten, die sichtbare, erfahrbare und fühlbare Wirklichkeiten erzeugen, müssen zuvor durch unser Herz hindurchgegangen sein und in unserem Herzen aufgegangen sein. Wer sie da nicht hineinläßt, glaubt ihnen nicht. Und weil er sie nicht glaubt, erlebt er sie nicht. Weil er aber von vornherein nicht erwartet, daß die Wahrheiten aus dem Munde Jesu funktionieren, ergibt er sich ihnen nicht und sucht seine Lust im horizontalen Gefüge von menschlichen Beziehungen und altbekannten Abhängigkeiten. Solche Menschen haben die Vorentscheidungen längst getroffen, die darüber befinden, was nützlich ist und was nicht, und sie empfangen nachher im Sichtbaren genauso, wie sie es im Herzen erwartet haben.

So ist die Tatsache, daß jemand an Jesus glaubt, seine Kraft und seine Unterstützung aber aus den alten Beziehungen holt, in sich ein Beweis, daß er von Jesus nichts erwartet, aber von den menschlichen Faktoren alles erhofft. Ein solcher Mensch lebt außerhalb der Wahrheit Gottes. Weil er die Wahrheit nicht als Wahrheit anerkennt und sie dementsprechend nicht in sein Leben einführt, wirft sie keinen Nutzen ab. Das nicht geglaubte Wort verschafft uns, wie Hebräer 4,2 sagt, keine Hilfe. Weil aber Wahrheit die Beschreibung der Liebe Gottes zu uns ist, ist die Wahrheitsfrage nie von dem Nützlichkeitsgesichtspunkt zu trennen. In der Entscheidung zu glauben ist bereits die Gewißheit eingeschlossen, daß der Herr vertrauenswürdig und ein helfender Gott ist.

Jesus forciert nun dieses Thema, indem er denjenigen, die ihm nachfolgen wollen, die Frage vorlegt, ob sie die Kosten überschlagen hätten. Jeder von uns hat doch seine eigenen, meist sehr konkreten Ziele. Für den einen ist es zunächst einmal dran, seine Gesundheit zurückzugewinnen, ein anderer muß dringend von seinen erdrückenden Schulden befreit werden, ein weiterer braucht unbedingt die Intervention Gottes in seiner Familie. Ich muß in diesem Zusammenhang, indem ich die Worte Jesu aufgreife, dem Leser eine Frage vorlegen: Reichen deine göttlichen Mittel aus, um eine Lösung für deine Probleme zustande zu bringen? Hast du die Kosten überschlagen? Ich muß es gemäß den von Jesus eingeführten Minigleichnissen noch zugespitzter fragen: Reicht dein geistliches Kapital aus, um für die vorhandenen, sehr realen Probleme Hilfe vom Herrn zu erfahren?

Hinter diesen zunächst einmal seltsam anmutenden Fragen steht nichts anderes als der zentrale Gesichtspunkt, von dem wir die ganze Zeit reden. Das praktische Maß von Jesusabhängigkeit entscheidet darüber, ob wir in unserer Nachfolge vorankommen und ob der Herr imstande ist, auf vorhandene Nöte übernatürlich zu reagieren. Aber Jesusabhängigkeit heißt nun einmal frei sein von allen anderen Sicherheiten. Das Maß an Unabhängigkeit von menschlicher Sicherheit ist bestimmend darüber, wie geistlich liquide wir sind. Unser geistliches Kapital, also das Ausmaß an verfügbarer übernatürlicher Kraft, die tatsächlich abrufbereit ist, ist abhängig davon, daß wir uns frei gemacht haben von menschlichen Bestätigungen und Sicherheiten aller Art.

Die Zusammenhänge von Unabhängigkeit von Menschen und göttlichem Potential für notwendige Lösungen illustriert uns Jesus anhand von zwei Gleichnissen. Zunächst wollen wir uns das eine Beispiel ansehen:

Lukas 14,28-30
28 Wer ist aber unter euch, der einen Turm bauen will, und sitzt nicht zuvor und überschlägt die Kosten, ob er's habe, hinauszuführen?
29 auf daß nicht, wenn er den Grund gelegt hat und kann's nicht hinausführen, alle, die es sehen, anfangen, sein zu spotten,
30 und sagen: Dieser Mensch hob an zu bauen und kann's nicht hinausführen.

Jesus vergleicht hier Unabhängigkeit von Menschen überraschenderweise mit Inhalten aus der Finanzwelt, bei der es um die Bereitstellung von Kapital und um Zahlungsfähigkeit geht. Die

Selbstverständlichkeit des notwendigen Nachweises von vorhandenen Mitteln, um einen Turm zu bauen, wird noch dadurch erhöht, daß Jesus sich gleichsam in Frageform an die Zuhörer damals und die Leser heute wendet: Wer unter euch macht so etwas, daß er einen Turm baut und nicht zuvor die Kosten überschlägt?

Hier liegt also zunächst einmal ein Vorhaben vor: der zu bauende Turm. Ferner ist von einem Kostenvoranschlag die Rede und schließlich davon, ob der Bauherr die erforderlichen Mittel hat. Man sollte also vorher schon wissen, so sagt Jesus, ob man das beabsichtigte Objekt auch zu Ende bringen kann. Das ist ein interessanter geistlicher Gesichtspunkt. Jesus will damit wohl offensichtlich zum Ausdruck bringen, daß ein Schüler von ihm schon vorher weiß, ob er das geistliche Kapital hat, eine vorhandene Aufgabe auszuführen. Oder sage ich es einmal in anderen Worten: Wir, die wir Jesus nachfolgen, sollen uns von vornherein im klaren sein, ob es bei den gegebenen Voraussetzungen unseres geistlichen Lebens möglich ist, daß beispielsweise eine vorliegende Krankheit durch Gottes Eingreifen zur Heilung kommt oder ein Finanzproblem gelöst wird oder andere schwere soziale Familiennöte ihre Wende erfahren. Das ist ein Inhalt der Aussage Jesu!

Diese Gewißheit hat derjenige, der sich von allen menschlichen und auch üblichen Sicherheiten getrennt hat. Ihm läßt der Heilige Geist eine übernatürliche innere Gewißheit zuteil werden, daß er's mit ihm schafft. Für einen solchen Gläubigen haben die Verheißungen einen ganz anderen Realitätsgehalt als für alle anderen, die sie hören und sich nicht von ihren menschlichen Hilfen oder ihrer Selbsthilfe getrennt haben. Es zahlt sich aus, sich nicht auf die Krücken eigener Kräfte oder vorhandener Beziehungen zu verlassen.

Noch einen weiteren Aspekt enthält diese Mini-Parabel, die diesbezüglich ziemlich breit ausgeführt wird und in ihrer praktischen Anwendung doch ziemlich überraschend ist. Der Bauherr soll sich die Peinlichkeit ersparen, mit dem Bau seines Turmes anzufangen, wenn er sich nicht ganz sicher ist, ob er ihn kostenmäßig bewältigen kann. Andernfalls wird er das Opfer von manchem Spott der Menschen sein, die über ihn herziehen und seine hochfahrenden Pläne mit dem dürftigen Resultat vergleichen. Diese Art von Demütigung muß, so Jesus, offenbar nicht sein.

Die Essenz dieses Teils des Gleichnisses ist doch die, daß Jesus uns lehren will, unsere Glaubensziele genau zu überdenken. Wer sie zu hoch ansetzt, der wird sich später den Vorwurf des Stolzes und des Größenwahnsinns gefallen lassen müssen, weil er etwas realisieren wollte, was so nicht von Gott war. Gottes Ziele stehen nämlich immer in der richtigen Relation zu den von ihm gegebenen Kräften. Hier war denn also ein Stück Lebenslüge und geistliche Schaustellerei am Werk.

Das ist schon interessant. Auf der einen Seite fordert uns das Wort Gottes auf, unsere Zelte weit zu spannen und unsere Pflöcke weit zu setzen, nicht zu sparen und nicht zu zaudern, auf der anderen Seite aber müssen unsere Ziele in einem gesunden Verhältnis zu den vorhandenen geistlichen Kräften stehen. Wer spürt, daß er sie nicht hat – und man weiß es, ob man sie hat –, der sollte sich bescheiden.

Aber noch einmal die entscheidende Aussage in diesem Zusammenhang: Wer sich nachweislich mit konkreten Entscheidungen aus den Verflechtungen alter Sicherungen und Beziehungen gelöst hat, der hat die Gewißheit über die geistliche „Finanzierbarkeit" seiner Vorhaben. Wer diese Gewißheit nicht hat, der hat wohl auch von vornherein das Kapital nicht. Also Abwesenheit von Innengewißheit ist gleichbedeutend mit mangelnder geistlicher Kraft.

Das zweite Beispiel weist in eine ähnliche Richtung.

Lukas 14,31-32
31 Oder welcher König will sich begeben in einen Streit wider einen anderen König und sitzt nicht zuvor und ratschlagt, ob er könne mit zehntausend begegnen dem, der über ihn kommt mit zwanzigtausend?
32 Wo nicht, so schickt er Botschaft, wenn jener noch ferne ist, und bittet um Frieden.

Es bleibt in diesem Fall unklar, ob der König von sich aus einen Krieg beginnt oder von einem Nachbarkönig in einen Krieg hineingezogen wird. Wahrscheinlich ist letzteres gemeint. So oder so, wer Krieg führen will, braucht viel Geld. Wir kennen ja die Regel eines alten europäischen Feldherrn, der die drei Regeln der Kriegsführung aufgeführt hat: Erstens braucht man Geld, zweitens braucht man Geld, drittens braucht man Geld. Wer Geld hat, kann Söldner anwerben und Kriegsgerät kaufen.

Auch dieser König hatte sofortige Klarheit darüber, über wie viele Soldaten er verfügt, mußte aber dann noch ausgiebiger darüber ratschlagen, ob er es wagen könnte, mit zehntausend gegen den König anzugehen, der ein doppelt so großes Heer hat. Wenn er zu dem Ergebnis kommt, daß das nicht gutgeht, sollte er beizeiten Frieden anbieten.

Die Anwendung des Gleichnisses in dem Zusammenhang dieses Abschnittes liegt auf der Hand. Wir müssen die Kriegsziele und die geistlichen Offensiven genau nach dem Maß unseres Verzichtes auf Selbst- und Fremdhilfe und unserer Erfahrung mit diesem Lebensstil planen. Der Gläubige, der hoch hinaus will, sollte vorher wissen, ob Gott diese Aktion unterstützt und finanziert. Das heißt, auch er muß und kann vorher wissen, wie groß seine geistliche Kraft ist.

Bestimmte Demütigungen müssen nicht sein. Gott hat kein Gefallen daran, daß seine Kinder unter den Spott der Umwelt geraten, weil sie überdimensionierte Ziele verfolgt haben. Unser Glaube, von dem wir gehört haben, daß er nur dann zustande kommt, wenn wir nicht Ehre von Menschen nehmen, ist dem Wachstum unterworfen. Wachstum braucht Zeit. So müssen wir genau wissen, wo wir stehen, damit wir uns nicht übernehmen. Es ist weiser, am Anfang lieber kleinere Brötchen zu backen.

Schließlich ist noch zu fragen, ob dieses Bild auch eine versteckte Anwendung für die geistliche Kriegsführung enthält. Daniel ist das Beispiel für einen Gläubigen, der sich nicht den Sicherungen, die andere suchen und brauchen, ausgeliefert hat. Seine geistliche Kriegsführung führte zu gewaltigen Auswirkungen. Er war zwar allein, aber er konnte durch ein dreiwöchiges Beten Einfluß nehmen auf die Vorgänge in der unsichtbaren Welt, durch die die persischen, babylonischen und griechischen Weltreiche gelenkt wurden.

Eine herausragende Botschaft des Heiligen Geistes heute an sein Volk ist die, daß wir als Gemeinde Jesu durch kriegerisches Gebet die Fürsten und Gewaltigen in der unsichtbaren Welt und in der Luft unter unsere Kontrolle bringen können. Aber das Ausmaß unseres Einflusses auf diese Kräfte hängt davon ab, ob wir uns von den Umständen und den säkularen Hilfen abhängig machen oder allein auf den Herrn vertrauen. Wie können wir auch

Überlegenheit über die unsichtbaren Kräfte bekommen, wenn wir uns jenen Umständen unterwerfen, die von ihnen gelenkt werden?

Wir müssen erkennen, daß das Prinzip der geistlichen Liquidität dem genau entgegensteht, was unser übliches Denken und Planen an ausschlaggebenden Gesichtspunkten vorsieht. Wenn eine Gemeinde zum Beispiel eine geistliche Offensive plant, etwa eine Evangelisation oder die Erweiterung ihrer Gemeinderäume, dann wird sie dieses Vorhaben in aller Regel mit äußeren Maßnahmen, die vielleicht in Kampagnen zusammengefaßt sind, vorbereiten. Werbemittel werden erstellt und verteilt, ein finanzieller Etat wird aufgerichtet, benachbarte Gemeinden werden um Mithilfe gebeten, Rundschreiben werden versandt, Bittbriefe an finanzkräftige Einzelpersonen losgesandt. Natürlich wird man auch beten. Aber die entscheidende Frage, von der Jesus hier redet, bleibt im Regelfall nicht nur außer Betracht, sondern wird mit diesen aufgezählten Maßnahmen regelrecht verraten: Haben wir uns ausreichend gelöst von den üblichen Sicherheiten und planbaren menschlichen Arrangements, mit denen wir auf Menschen und Mittel zielen, so daß unser Herr für uns streiten kann?

Dieser Ansatz ist revolutionär und abenteuerlich. Ich appelliere an meinen Leser, einen solchen Lebensstil zu wagen und zu pflegen und sich mutig darauf festzulegen. „Hasse“ Vater und Mutter, Tochter und Sohn, Freund und Pastor und auch dich selbst, das heißt: Verlaß dich nicht auf deine eigenen Kräfte und wage die Nachfolge Jesu in dieser ungeschützten und schier frivolen Nacktheit. Der Herr wird dich bergen und schützen und dich bestätigen mit Erfolg und Ehre. Das ist der Lebensstil aller großen Männer im Reiche Gottes, die ich kenne und zu denen ich aufschaue. Werde ein solcher Mann oder eine solche Frau!

Wenn wir nicht zu Gott stehen, dann steht er nicht zu uns. Wer sich nur dem Sichtbaren ergeben hat, der entwertet die Kraft der Worte Jesu und fühlt sich durch sie nicht geschützt. Deswegen sagt Jesus:

Lukas 9,26
Wer sich aber mein und meiner Worte schämt, des wird sich des Menschen Sohn auch schämen, wenn er kommen wird in seiner Herrlichkeit und seines Vaters und der heiligen Engel.

Wer sich auf Menschen verläßt, wird sich der Worte Jesu schämen. Was heißt es eigentlich, sich zu schämen? In der Reaktion des Sich-Schämens drückt sich eine Geringschätzung für das aus, dessen man sich schämt. Man fühlt sich dadurch schutzlos und unsicher. Die Worte Jesu haben auf uns so viel Kraft und Einfluß, wie wir ihnen an Wahrheitsgehalt zuerkennen. Wer sich der Worte Jesu schämt, gibt damit zu verstehen, daß er ihnen keine große Bedeutung zumißt. Er gesteht damit ein, daß sie ihn nicht schützen und bewahren können, und daß sie in praktischen Beziehungsfragen und unter Alltagsverhältnissen überhaupt nicht von Gewicht sind.

Daraufhin verlieren sie erstens ihre sofortige schutzgebende Wirkung auf das Selbstverständnis desjenigen, der mit ihnen umgeht oder umgehen soll, und zweitens kommt die nachfolgende Herrlichkeit Gottes auch nicht auf diesen Menschen, weil sie nicht von dem Worte Jesu zu trennen ist. Aber im positiven Fall haben die Worte Jesu diese außerordentliche doppelte Kraft. Wir können uns in der Auseinandersetzung mit anderen Menschen auf sie berufen und uns in ihnen bergen, weil wir ihre Autorität kennen, und obendrein ziehen sie dann nachfolgend die Manifestation der Herrlichkeit Gottes auf sich und auf denjenigen, der sie ausspricht. An der Art des Umgangs mit den Worten Jesu in unserer Umgebung können wir selbst erkennen, was für uns zählt.

Kapitel 6

Jesus – der Räuber?

Es bleibt noch ein Wort in dieser Abhandlung Jesu über Voraussetzungen und Auswirkungen von Jüngerschaft, das noch nicht erschlossen ist. Es hat denselben Charakter von dumpfer Bedrohlichkeit an sich, den wir schon bei den anderen Worten gespürt hatten, und die dann doch lichtvoll wurden, als wir sie im Licht der Heiligen Schrift untersuchten:

Lukas 14,33
Also auch ein jeglicher unter euch, der nicht absagt allem, was er hat, kann nicht mein Jünger sein.

Wir sollen allem absagen, was wir haben. Sonst können wir nicht ein Jünger unseres Herrn sein. Wenn Schülersein heißt, ein Lernender zu sein, dann allerdings ist es sehr wichtig, daß wir Lust freisetzende Lernziele haben. Andernfalls werden wir uns sehr schwer tun beim Lernen.

Ist dieses Ziel nun gewährleistet, wenn der Herr uns auffordert, daß wir tatsächlich allem entsagen sollen, was wir haben? Geht es nicht billiger?

Ich glaube, daß wir nur dem absagen sollen, was uns hat. Was uns nämlich hat, hat uns die Freiheit genommen, so daß wir gar nicht mehr über unseren Willen und unsere freie Entscheidung verfügen können. Wir müssen dringend befreit werden. Das kann aber nur durch einen erneuten drastischen Willensentscheid vonstatten gehen.

Wie können Freisetzungen von Lieblingspositionen oder von Schätzen, die uns binden, zustande kommen, wenn nicht dadurch, daß wir mit unserem Willen dazu nein sagen, weil wir mit unserem geistlichen Auge bereits eine größere Lust erkennen? Solange wir unsere Lust allein in jener Lebensform gesehen haben, durch die wir gebunden sind, oder im Umgang mit jenen Schätzen, denen wir ergeben sind, gibt es keinen ehrlichen Lernfortschritt im Hinblick auf Jesus. Man kann nicht Schüler sein bei Jesus, wenn das Herz an etwas anderem hängt. Dann ist man vielleicht kurzzeitig bewegt von dem, was der Herr uns sagt, vielleicht sogar auch begeistert, fällt aber nachher, wenn sich die Kräfte aus den tiefen Schichten unserer Seele wieder melden, in die alten Arrangements zurück. Denn dort, wo unser Schatz ist, da ist nun einmal unser Herz.

Die letzte Ursache für die Nicht-Absage an Kräfte und Gewohnheiten, die uns beschlagnahmen, und die damit verbundene Lernunfähigkeit bei vielen Gläubigen ist ein verkehrtes Bild von Gott. Das Verkennen Gottes in seiner einzigartigen Schönheit, Liebe, Kraft und Hingabe an uns ist die größte Katastrophe und der ärgste Mangel in den Reihen der Gläubigen. Sie wissen nicht, wie gütig, freundlich, liebevoll und mächtig unser Herr wirklich ist. Das erdrükkende Gros der Christen, die sich in vielfältigen Bindungen und Lähmungen plagen, hat nichts oder viel zu wenig von Gottes Freundlichkeit und seiner Nähe gehört. Und einige haben es gehört und dann nicht geglaubt.

Der Kampf gegen das Verfallensein an menschliche Schätze und Werte kann nicht siegreich entschieden werden durch Verbote, moralische Appelle und stärkere Aufrufe zur Heiligung. Diese sind ganz und gar unwirksam! Sie fördern nur die Spannung und das Zerrissensein in der Wahrnehmung dessen, was man sein soll und was man nicht ist. Wir können all dem nur absagen, wenn uns durch das bessere und genauere Bild Gottes, das uns in der Lehre vermittelt wird, klar wird, daß der Herr uns liebt und bejaht und uns unbedingt an seiner Seite Leben im Überfluß und Freude die Fülle geben will. Druck, Einschüchterung und Nötigung sind untaugliche Mittel, um uns zur Trennung von unseren Fixierungen zu bewegen. Selbst wenn es dadurch gelingen sollte, jemanden für kurze Zeit aus dem Verfallensein an einen irdischen Schatz herauszubringen, wird er beim nächsten Anlaß erneut und möglicherweise um so tiefer in dasselbe oder ein ähnliches Problem hineinfallen, denn er hat ja keine Vertrauensbeziehung zum Herrn und hatte nur aus Angst seine frühere Lust gelassen.

Wir sollen allem absagen, was wir haben und was uns im Griff hat, indem wir durch Belehrung über den Charakter Gottes und seine Wohltaten mit unserem geistlichen Auge schon erkennen können, was der Herr uns Größeres und Schöneres geben will, wenn wir die Sünde oder unsere verkehrten Sicherheiten aufgeben.

Das erste Gebot der Christenheit und die besondere Aufgabe der Pastoren, Lehrer und Evangelisten muß es sein, das Volk Gottes gehorsamsfähig zu machen, indem ihm das leuchtende Bild unseres Herrn und die ganze Nähe des Heiligen Geistes vermittelt wird, so daß es eine Sehnsucht nach ihm entwickelt, sich zu ihm hingezogen fühlt und jegliche Scheu und Angst vor ihm verliert.

Wollen wir zu diesem Thema noch einmal das Schlüsselwort aus der biblischen Theorie des Umkehrens hören:

Römer 2,4b
Weißt du nicht, daß dich Gottes Güte zur Buße leitet?

Wenn wir das Wesen Gottes unter der Inspiration des Heiligen Geistes immer wieder neu und in allen möglichen Varianten uns selbst und anderen Gläubigen darstellen, wird es uns leichtfallen, dem Herrn seine Worte abzunehmen, das heißt, zu glauben, und dann können wir durch Glauben gehorsam werden. Es gibt keinen anderen Weg, um gern und willentlich und beständig den Geboten des Herrn gegenüber gehorsam zu werden. Der Weg läuft nur über die Erfahrung seines Wesens aus seinen Worten, die dann Glauben freisetzen, welcher nachfolgend die Kraft zum Gehorsam liefert.

Der Versuch, dem absagen zu wollen, was man hat, ohne die Aussicht auf Gottes Geschenke und Beglückung, führt geradewegs in die Einsamkeit von leistungsbezogenen eigenen titanischen Entsagungsbemühungen. Die wiederum bewirken Unabhängigkeit von Gott und produzieren so stolze, frömmelnd-religiöse Christen. Was nicht aus Glauben kommt, ist auch in diesem Fall Sünde, und sei es auch ein besonders hehrer Versuch, sich von Bindungen befreien zu wollen.

Es ist eine alte pädagogische Regel, daß die Lernwilligkeit von Schülern geradlinig abhängig ist von dem Maß an Geborgenheit, in dem sie sich bewegen, und von der Attraktivität der Lernziele. Niemand will etwas lernen, was ihm nachfolgend zum Schaden wird. Dementsprechend ist es für den Schüler Christi wichtig, daß er die positiven göttlichen Ziele vor Augen hat und sich tatsächlich von Lustpositionen getrennt hat, die sich verselbständigt hatten und ihm den Blick für die Freude in Gott völlig nahmen. Bevor der Schüler in der Schule Jesu mit seinem Wesen und Charakter weitere Lernschritte geht, muß er die Richtung, in die es gehen soll, als attraktiv, schön und lustvoll erfaßt haben.

Absagen und Bekommen

Gelten die hier aufgestellten Regeln tatsächlich durchgehend für jeden Gläubigen und auch für den, der sich aufmachen will, gläubig zu werden? Darf man das so verallgemeinert darstellen, daß der Herr seine Jünger verändert, bereichert, gesegnet und frei sehen will? Wir müssen die Schrift gewissenhaft danach absuchen, ob wir nicht etwa mit diesen Leitgedanken kostbare Nebenaspekte überrennen und dadurch vielleicht viel differenziertere Verhältnisse zu sehr vereinfachen. Das ist ja die große Angst im deutschen Denken und Theologisieren.

So wollen wir die Frage untersuchen, ob es auch eine Absage von allen Dingen gibt, die nur zu einer Bereicherung des Herzens, aber nicht zu irgendeiner Form von äußerem Segen führt. Wir müssen diese Frage schon deswegen untersuchen, weil das ja die geheimen Ängste derer sind, die etwas an irdischem Gut und menschlichen Beziehungen aufgeben müssen. Sie zweifeln in aller Regel nicht daran, daß Gott ihrem Herzen reichen Lohn zuführen wird, aber sie fragen sich, ob es dabei bleiben muß. Gibt es nicht doch am Ende einen Beraubungszustand durch Jesus von der Art, daß wir unsere äußeren Sicherheiten aufgegeben haben, um dadurch allein innere Schätze zu bekommen?

Die Geschichte des reichen Jünglings bietet uns das geeignete Material, um diese Frage entscheiden zu können. In ihm haben wir ein Extrembeispiel eines Menschen, der gläubig ist, großen geistlichen Hunger hat, ein Leben der Heiligung geführt hat und das Reich Gottes erben will, aber in einem bestimmten Lebensbereich unfrei ist – in seiner Beziehung zu Geld und Gut.

> **Markus 10,17-23**
> **17 Und da er hinausging auf den Weg, lief einer herzu, kniete vor ihm nieder und fragte ihn: Guter Meister, was soll ich tun, daß ich das ewige Leben ererbe?**
> **18 Aber Jesus sprach zu ihm: Was heißest du mich gut? Niemand ist gut als allein Gott.**
> **19 Du weißt die Gebote: „Du sollst nicht töten; du sollst nicht ehebrechen; du sollst nicht stehlen; du sollst nicht falsch Zeugnis reden; du sollst niemand berauben; ehre Vater und Mutter."**
> **20 Er aber sprach zu ihm: Meister, das habe ich alles gehalten von meiner Jugend auf.**
> **21 Und Jesus sah ihn an und liebte ihn und sprach zu ihm: Eines fehlt dir. Gehe hin, verkaufe alles, was du hast, und gib's den Armen, so wirst du einen Schatz im Himmel haben, und komm, folge mir nach und nimm das Kreuz auf dich.**
> **22 Er aber ward unmutig über das Wort und ging traurig davon; denn er hatte viele Güter.**
> **23 Und Jesus sah um sich und sprach zu seinen Jüngern: Wie schwer werden die Reichen in das Reich Gottes kommen!**

Jesus hat die moralischen Qualitäten dieses jungen Mannes nicht in Frage gestellt. Aber er sah, an welcher Stelle er gebunden war. Deswegen gab er ihm das Gebot, das wir in dieser Form wohl nur hier im Neuen Testament vorfinden: „...verkaufe alles, was du hast, und gib's den Armen, so wirst du einen Schatz im Himmel haben, und komm, folge mir nach und nimm dein Kreuz auf dich."

Weil der junge Mann bei allen seinen anderen vorhandenen Tugenden durch Habsucht gebunden war, mußte er sich davon trennen.

Hier haben wir doch augenscheinlich modellhaft jene Ausnahmesituation, in welcher man einer Bindung absagen muß, um die inneren Güter der Rettung zu bekommen. Denn Jesus sagte doch: „...gib's den Armen, so wirst du einen Schatz im Himmel haben..."

Der Schatz im Himmel, von dem Jesus sprach, ist wohl doch genug Indiz dafür, daß ein irdischer Segen nicht gemeint ist. Also doch eine Verlusterfahrung? Lediglich mit dem Ausgleich von reichen himmlischen Schätzen in unserem Herzen und auch später in der Ewigkeit?

Die Geschichte ist aber noch nicht zu Ende. Fraglos gibt es Lustverschiebungen, weil bestimmte Formen von Lust einfach Sünde sind. Und doch müssen wir vorsichtig sein mit dem voreiligen Fazit, daß Nachfolge Jesu und Jüngerschaft irdischen Besitz und Wohlergehen ausschließen. Wenn wir gar die beschriebenen Voraussetzungen der Jüngerschaft und des Kreuztragens, das ja auch gegenüber dem reichen Jüngling erwähnt wurde, bedenken, dann wird es regelrecht gefährlich, einen solchen Schluß zu ziehen.

Haben wir denn schon vergessen, was die Bedingung des Kreuztragens ist? Das Kreuz wird uns nur vorgelegt, wenn wir durch Annahme des Wortes in ein Leben des Segens hineingetreten sind.

Nachdem der reiche Jüngling traurig und auch unmutig von Jesus wich und Jesus sich nachher über die Schwierigkeit äußerte, als Reicher ins Reich Gottes zu kommen, sagte Petrus anschließend:

> **Markus 10,28b-30**
> **28b Siehe, wir haben alles verlassen und sind dir nachgefolgt.**
> **29 Jesus sprach: Wahrlich, ich sage euch: Es ist niemand, der Haus oder Brüder oder Schwestern oder Mutter oder Vater oder Kinder oder Äcker verläßt um meinetwillen und um des Evangeliums willen,**
> **30 der nicht hundertfältig empfange jetzt in dieser Zeit Häuser und Brüder und Schwestern und Mütter und Kinder und Äcker mitten unter Verfolgungen, und in der zukünftigen Welt das ewige Leben.**

Jesus hat also das Thema aufgegriffen und die gültige Antwort formuliert, was demjenigen zuteil wird, der um seinetwillen Menschen, Brüder oder Schwestern, seine Familie oder seinen Besitz aufgegeben hat. Die Antwort ist erstaunlich. Wer sich um Jesu willen und um des Evangeliums willen von Menschen und Dingen trennt, der soll jetzt in dieser Zeit hundertfältig empfangen auf der Ebene von Häusern, Brüdern, Schwestern, Müttern, Kindern, auch Äckern, aber all das mitten unter Verfolgungen(!), und dazu noch das ewige Leben in der zukünftigen Welt.

Das ist die Regel! Diese Regel formulierte der Herr ausgerechnet bei jenem Fall, den wir als Extrembeispiel und möglichen Ausnahmefall angesehen hatten. Im Himmel ist kein Räuber, sondern ein Spender. Wir sollen nicht nur das zurückbekommen, was wir aufgegeben haben, sondern vielfach bis hundertfach dazu.

Dieses Wort muß man in seiner allgemeinen Gültigkeit verstehen. Es ist insofern besonders wichtig, als wir uns, wie eben schon beklagt, in Mitteleuropa auf einem theologischen Parkett bewegen, auf dem der Ruf nach differenziertem theologischen Denken sehr häufig nichts anderes ist als ein Mißbrauch des Begriffes der sogenannten Differenziertheit. Durch Problematisieren und Relativieren werden die Inhalte des Evangeliums so reduziert, daß sie alle Attraktivität verlieren und jegliche Norm aufgelöst wird. Die Gefahr, daß wir durch eine unter verkehrten Voraussetzungen angetretene theologische Verarbeitung und Einschränkung die von Jesus verheißenen Auswirkungen der Nachfolge verlieren, ist viel größer als die, daß wir durch Simplifizierung der Botschaft unseres Herrn unzulässig verallgemeinerte Segenszusagen erzeugen.

Jesus sagt uns, daß derjenige, der um seinetwillen auf Menschen und Güter verzichtet, eine dreifache Ernte erwarten darf: Er bekommt das ewige Leben jetzt und für die zukünftige Welt, er wird hundertfach honoriert mit äußeren Segnungen in Beziehungen zu Menschen und im Hinblick auf Geld und Gut, und all das soll ihm widerfahren mitten in Verfolgungen. Wir sind also wieder bei dem großen Thema dieses Buches. Verfolgungen und Segnungen schließen sich nicht aus, sondern bedingen sich gegenseitig. Wer um Jesu willen Dingen dieser Welt abgesagt hat – die vermutlich gleichzeitig auch lebensbedrohlich waren, weil er an sie gebunden war – der soll auch auf der Ebene dieser Dinge den Segen erfahren.

Die Segensverlagerung von weltlichen Gütern zu ausschließlich geistlichen Schätzen, wie sie der reiche Jüngling meinte bei Jesus gehört zu haben, ist keine biblische Aussage. Wir stehen nicht vor der Alternative „Innensegen gegen Außensegen". Das ist eben die Verkürzung des Evangeliums, gegen die sich der Leser zur Wehr setzen muß. Zu lange waren wir unter dem Diktat einer humanistischen Theologie, die Armut als Tugend predigte und wortgewaltig und bedrohlich jede Abweichung von ihren Maximen mit dem Vorwurf belegte, einem unbiblischen und unausgewogenen Wohlstandsdenken erlegen zu sein. Die theologischen Horchposten, die zuverlässig jede Verletzung dieses mitteleuropäischen Glaubensschemas wahrnehmen sollten und auch tatsächlich aufgespürt haben, waren durch das ganze Land verteilt aufgestellt.

Aber laßt uns als erste Frucht unserer Entscheidung gegen Menschenabhängigkeit und Menschenfurcht aus diesem Denken herausbrechen und eine heilige Verschwörung anzetteln. Unser Herr hat sich anders geäußert, als es die Theologen wahrhaben wollen.

Daß solche Auswirkungen der Nachfolge bisher so selten erlebt wurden, hängt überwiegend damit zusammen, daß der Weg dorthin lehrmäßig in aller Regel nicht bereitet war. Ein weiterer Grund war der, daß sich die Gläubigen einfach nicht vorstellen konnten, daß diese drei Segensauswirkungen — nämlich reicher Segen im Herzen, hundertfache äußere Frucht im Bereich von Beziehungen und Gütern sowie Verfolgung — sogar als Regelfall zusammen vorkommen sollen. Aber so sagt es der Herr, und diese Konstellation von Erfahrungen beweist uns dann auch, daß das biblische Bild der Verfolgung wirklich anders ist als das, welches uns unsere Ängste, die schwarz-weiß malenden Evangelisationspredigten und auch die Erfahrung der Gläubigen vergangener Jahrhunderte lehren wollten.

Es gibt die Vereinbarkeit von Glück und Verfolgung, gesegnet sein und verspottet sein, Frieden im Herzen, Feinde und Segen draußen zu haben. Jesus will uns lehren, so unabhängig zu sein von den Außenumständen unseres Lebens und den Prägungen der Vergangenheit, daß wir uns stillvergnügt in ihm freuen können, ohne wesentliche Einbußen unseres Wohlbefindens in Verfolgungen. Gleichzeitig sollen wir manchen materiellen Segen und vielfältige schöne Beziehungen zu Brüdern und Schwestern und Freunden genießen können.

Kapitel 7

Die Kunst zu lieben

Johannes 15,10a
Wenn ihr meine Gebote haltet, so bleibet ihr in meiner Liebe.

Das größte Gebot Gottes ist das Gebot zu lieben. Wenn Liebe die höchste Offenbarung von Sittlichkeit ist, dann wird es auch des größten Aufwandes und der stärksten Energie bedürfen, dorthin zu gelangen. Liebe, wenn sie einmal da ist, ist wunderschön. Aber ist es nicht auch eine Qual, erst einmal dahin zu kommen, daß man lieben kann?

Liebe heißt ja Gutes tun. Wer liebt, will den erfreuen, den er liebt und will ihm etwas erweisen, was ihm gefällt, was ihn fördert, was ihm wohltut. Wenn man jemanden liebt, ist man ganz und gar mit ihm beschäftigt und will ihm dienen. Insofern ist es schon angemessen, davon zu reden, daß es eines gewaltigen sittlichen Energiepotentials bedarf, lieben zu können. Wer liebt, muß wissen, woher er seine Liebe bezieht und wie er die Resourcen seiner Liebe ständig auffüllt.

Zu lieben, das ist göttlich, das ist in jedem Fall richtig. Zu lieben ist unsere ständige Aufgabe. Dieses Gebot ist unstrittig. Wer sagt, daß man den anderen lieben muß, hat immer recht. Aber es gibt auch einen Mißbrauch des Umganges mit Liebe! Ich meine den verbalen Mißbrauch des stetigen Forderns von Liebe.

Ich muß dem Leser eingestehen: Ich habe etwas gegen beständige Reden über Liebe und die ständige Forderung zu lieben. Und noch mehr habe ich etwas gegen die von manchen Menschen vorgetragene Auffassung, daß man ganz selbstverständlich lieben könne und daß jeder, der will, das auf Befehl einfach tun könne. Solche Überzeugungen und die dahinter stehenden Philosophien sind mir sehr, sehr suspekt. Ich glaube nämlich nicht daran, daß man ohne weiteres lieben kann. Ich bin davon überzeugt, daß es nur einen Zugang zur Liebe gibt und daß jenseits dieses Zuganges Liebe nicht möglich ist. Das stetige Reden von „lieben sollen" und „lieben können", das in manchen humanistischen oder auch halb- und pseudochristlichen Lagern zu vernehmen ist, ist für mich der Beweis, daß die Vertreter solcher Auffassungen das Wesen der Liebe gar nicht verstanden haben.

Wer das Kapitel „Sich selbst verleugnen, sein Kreuz auf sich nehmen und sein Leben verlieren" dieses Buches gelesen hat, der weiß bereits einiges über den Hintergrund der wahren Liebe, der Agape-Liebe. Diese Agape hat nur eine Quelle, und das ist Gott. Aber wie kommen wir zur praktischen Erfahrung dieser Liebe?

Ich möchte dem Aufbau und dem Anliegen dieses Buches treu bleiben, indem ich anhand von schwierigen und mißverständlichen Passagen des Wortes Gottes unter Zuhilfenahme anderer Schriftstellen Gottes Gedanken und seine kostbaren Wahrheiten entfalte. Sie sollen uns vom anfänglichen Mißverstehen über Befremden und Bedrohungsgefühl zur Entspannung, Erleuchtung und schließlich zur Freude der leichten Inbesitznahme von Gottes Segnungen führen. Ein solches Wort ist auch die oben zitierte Textstelle aus Johannes 15,10.

Jesus sagt uns, daß wir in seiner Liebe bleiben, sofern wir seine Gebote halten. Auch bei diesem Wort des Herrn gibt es so etwas wie einen fast unabweisbaren Ersteindruck. Wer diesen Satz unbefangen liest, kann ihn eigentlich nur so verstehen, daß wir Jesus unsere Liebe beweisen, indem wir alle seine Gebote halten. Ich glaube, daß jeder Leser mit mir eins ist in der Feststellung, daß ein solches Verständnis über den Zusammenhang von Liebe und Gebote halten etwas Beängstigendes an sich hat. „So also soll ich beweisen, daß ich Jesus liebhabe. Nur wenn ich alle seine Gebote beherzige, dann finde ich die Liebe meines Herrn und dann bin ich dem Herrn angenehm." Auch der Nachsatz kann uns dabei nicht trösten und wird uns auf der Ebene dieses Ersteindruck-Verständnisses eher noch mehr alarmieren: „. . .gleichwie ich meines Vaters Gebote halte und bleibe in seiner Liebe."

Wir wissen ja, daß der Herr vollkommen lebte und wirklich alle Gebote des Vaters hielt und insofern mit Recht von sich sagen kann, daß er in der Liebe des Vaters geblieben ist. So also sollen auch wir lieben! Wenn Liebe definiert ist als der vollständige Gehorsam oder das Erfüllen aller Gebote, dann ist Liebe für uns nicht erreichbar, dann ist sie qualvoll und fast eine verbrecherische Zumutung für unsere sittliche Leistungsfähigkeit. Das kann nicht das Wesen der Liebe Gottes sein, die wir empfangen und geben sollen.

Und doch ist gerade in diesem schwer verstehbaren Wort ein schönes Geheimnis der biblischen Lehre des Liebens verborgen. Lüften wir dieses Geheimnis, indem wir wieder das Wort durch das Wort auslegen lassen.

Die Verse 7 und 8 dieses Kapitels, die nach den Einteilungen der meisten Bibelherausgeber dem vorhergehenden Abschnitt zugeordnet sind, bringen uns ein großes Stück weiter auf dem Weg zum Verständnis der Liebe Gottes und auch zu der Erfahrung, wie wir sie empfangen können. (Die Einteilung in Abschnitte, die sich überwiegend als sehr sinnvoll erweist, ist doch nur das Werk der Bibelherausgeber und nicht unbedingt das des Heiligen Geistes selbst.)

Johannes 15,7-8
7 Wenn ihr in mir bleibet und meine Worte in euch bleiben, werdet ihr bitten, was ihr wollt, und es wird euch widerfahren.
8 Darin wird mein Vater verherrlicht, daß ihr viel Frucht bringet und werdet meine Jünger.

Diese beiden Verse müssen etwas mit dem Generalthema dieses Buches zu tun haben, denn am Schluß werden wir aufgefordert, seine Jünger zu werden. Wir finden also in diesen Gedanken wichtige Bedingungen und Auswirkungen der Jüngerschaft.

Im Vers 7 sagt Jesus, daß wir in ihm bleiben sollen und daß seine Worte in uns bleiben sollen. Das sind Ausführungen im Anschluß an das Bild des rechten Weinstockes, der Jesus ist, während wir seine Reben sind, die an ihm bleiben sollen und dabei viel Frucht bringen (Vers 5). Hier ist von einem zweifachen Bleiben die Rede. Einmal sollen wir in ihm bleiben, was wohl ein anderes Wort dafür ist, daß wir total mit ihm verbunden sein sollen. Das entspricht ja auch unmittelbar der Bildaussage vom Weinstock und seinen Reben. Wir sollen uns von seinem Willen, von seiner Kraftzufuhr und von seiner Güte abhängig machen, wie die Rebe gänzlich vom Weinstock abhängig ist und von ihm alle Kräfte und Energie bekommt und nur durch ihn das sein kann, was sie ist. Ohne mich, so sagt Jesus, könnt ihr nichts tun (Vers 5).

Zu der Forderung des Bleibens in ihm – was nichts mit Unfreiheit und Sklaverei zu tun hat, sondern ein Abhängigsein von seiner Lebenskraft und von seiner Güte darstellt – kommt die Forderung, daß seine Worte in uns bleiben sollen. Seine Worte sind nicht unbedingt seine Gebote, sondern die Summe von allen seinen göttlichen Aussagen, die insgesamt die Frohe Botschaft darstellen. Seine Worte sind sonderlich seine Verheißungen, die ausdrükken, was er uns geben will und was vorbereitet ist für uns, und seine Segensfeststellungen, die sagen, was er für uns getan hat und was an Heil und Heilung bereits vorhanden ist. Also seine Worte sind die Summe aller heilsamen Wahrheiten, und sie sollen wir nicht nur in uns aufnehmen, sondern auch in uns bleiben lassen. Die Betonung in diesem Abschnitt liegt ganz eindeutig auf dem Wort „bleiben".

Unter der Voraussetzung, daß diese stetige Beziehung von uns zum Herrn da ist und daß seine Worte in uns lebendig sind, daß sie Zugang haben zu unserem Willen und uns regelrecht imprägnieren und dadurch auch prägen, wird uns zugesagt, daß wir bitten können, was wir wollen, und es wird uns widerfahren. Das ist ein gewaltiges Versprechen, das so groß und so ungeschützt ist, daß es fast gefährlich für unseren Herrn anmutet, uns eine solche Verheißung zu hinterlassen.

Aber Gott kann es sich erlauben, dieses Wort für uns freizugeben, weil derjenige, der in faktischer Abhängigkeit vom Herrn ist, in Übereinstimmung mit seinem Willen lebt, denkt, wünscht, betet und deswegen auch bekommen wird, worum er bittet.

Im nächsten Vers sagt uns Jesus nun, daß unser Vater durch die Erfahrung von Gebetserhörungen verherrlicht wird! Gebetserhörungen sind also nicht nur unsere private Angelegenheit, die zu unserer privaten Freude führen. Auch der Vater freut sich darüber, wenn er sieht, daß jemand seinen Sohn geehrt hat, indem er sich fest mit ihm verbunden hat, alle Impulse und Kräfte nur von ihm genommen hat und mit empfangener göttlicher Kraft Lebensprobleme bewältigen konnte. Gott fühlt sich verherrlicht, wenn wir von Jesus Leben, Kraft und Freude nehmen. Denn die Rebe produziert nicht von sich irgendwelche zusätzlichen Energien. Alles, was sich an ihr ausbildet an Frucht, ist zuvor empfangene und dann umgesetzte Kraft aus dem Weinstock.

Gebetserhörungen und Entwicklung von Frucht gehören zusammen. Wer durch Abhängigkeit von Gott, das Bleiben in Jesus und das Aufnehmen seiner Worte, die er in sich wirken läßt, konkrete Führungs- und Wundererfahrungen macht, der entwickelt auch Charakterfrucht. Gott schafft in uns beides: wunderhafte Ereignisse und Veränderung des Charakters.

Das ist nun der Weg zum Schülersein. Wenn wir bei Jesus bleiben, indem wir nehmen und nehmen und nehmen, und nur Genommenes umsetzen in Gebetserhörung und Charakterveränderung, dann lernen wir von unserem Herrn. Dann sind wir auf den Geschmack gekommen und werden, wie wir es bereits früher gesehen haben, Demut und Sanftmut lernen und vieles mehr dazu.

Mit dem Zwischenergebnis der verstandenen Lehre vom Bleiben in Jesus und vom Bleiben seiner Worte in uns können wir uns jetzt dem nächsten Abschnitt zuwenden, der uns die Fortführung dieser Kette von Wahrheiten in Richtung Liebe zeigt:

Johannes 15,9-17
9 Gleichwie mich mein Vater liebt, so liebe ich euch auch. Bleibet in meiner Liebe!
10 Wenn ihr meine Gebote haltet, so bleibet ihr in meiner Liebe, gleichwie ich meines Vaters Gebote halte und bleibe in seiner Liebe.
11 Solches rede ich zu euch, damit meine Freude in euch bleibe und eure Freude vollkommen werde.
12 Das ist mein Gebot, daß ihr euch untereinander liebet, gleichwie ich euch liebe.
13 Niemand hat größere Liebe denn die, daß er sein Leben läßt für seine Freunde.
14 Ihr seid meine Freunde, wenn ihr tut, was ich euch gebiete.
15 Ich sage hinfort nicht, daß ihr Knechte seid; denn ein Knecht weiß nicht, was sein Herr tut. Euch aber habe ich gesagt, daß ihr Freunde seid; denn alles, was ich habe von meinem Vater gehört, habe ich euch kundgetan.
16 Ihr habt mich nicht erwählt, sondern ich habe euch erwählt und gesetzt, daß ihr hingehet und Frucht bringet und eure Frucht bleibe, damit, wenn ihr den Vater bittet in meinem Namen, er's euch gebe.
17 Das gebiete ich euch, daß ihr euch untereinander liebet.

Bisher hatten wir gehört, daß wir in ihm und seine Worte in uns bleiben sollen. Nun kommt eine wichtige Hinzufügung. Wir sollen auch in seiner Liebe bleiben, mit der er uns fortwährend liebt. Der Anfang der Liebe besteht also nicht darin, daß wir selbst lieben, sondern daß wir uns lieben lassen. Jesus liebt uns so, wie er vom Vater geliebt wird. Er liebt uns ununterbrochen, so sollen wir ununterbrochen in seiner Liebe bleiben. Das ist ein sehr einfaches Prinzip und kann nicht genug betont werden. Der Umgang mit dem Begriff und dem Erleben der Liebe fängt damit an, daß wir uns lieben lassen und in seiner Liebe bleiben. Jede Aufforderung, zu lieben, bevor wir Liebe empfangen haben, ist ein humanistischer Betrug, der davon ausgeht, daß wir aus uns selbst heraus lieben könnten, daß wir in unserer natürlichen Existenz liebesfähig wären. Aber das ist nicht der Fall!

Wenn Jesus uns sagt, daß wir in seiner Liebe bleiben sollen, dann meint er damit auch, daß wir sie nicht verlassen sollen. Wir sollen uns fortlaufend dem Strom seiner Liebesbezeugung und Liebeserweisung aussetzen. Seine Liebe bestätigt, sie tut gut, sie tröstet, sie baut auf, sie bietet uns Gutes an, sie beschützt und erfreut. Die Evangelien beschreiben uns das praktische Vorgehen Jesu im Umgang mit Menschen, die krank, einsam, entmutigt und kaputt waren. Alle, die in Not waren und ihre Not fühlten, konnten sicher sein, daß Jesus ihnen mit großer Zärtlichkeit und Liebe begegnete. Das tut er heute noch so, weil sein Charakter unwandelbar ist.

Jesus hat eine Lust daran und ein Verlangen, uns zu lieben, indem er uns liebend Gutes erweist, uns aufrichtet und uns bejaht und erfreut. In seiner Liebe zu bleiben bedeutet nun einfach, diesen Strom von wohltuenden Worten, Zuwendungen und Erweisungen von Gutem beständig auf sich wirken zu lassen. Das klingt berauschend schön und unvorstellbar einfach, und das ist es auch. Aber nur derjenige wird willens sein, sich diesem Strom von Wohltaten auszusetzen, der im tiefsten Inneren davon überzeugt ist, daß er das braucht und es selbst nicht bewirken kann. Da liegt das Problem.

Viele Gläubige haben nämlich in der Tat Schwierigkeiten, sich lieben zu lassen. Sie können sich nicht vorstellen, daß Gott so viel bedingungslose Liebe hat. Gleichzeitig fühlen sie auch in sich das Potential, sich selbst Gutes zu erweisen. Sie glauben daran, daß auch sie, zumindest stellenweise, über den Schlüssel zum Glück verfügen. Das ist dann schon das Ende des Bleibens in der Liebe Jesu.

Wer aber seine Liebesbedürftigkeit erkannt hat und dazu auch sieht, daß er nicht fähig ist, sich selbst aus eigener Kraft Gutes zu erweisen, der wird nicht daran denken, aus dem Lichtkegel des wärmenden Lichtes Jesu herauszutreten oder, um ein anderes Bild zu gebrauchen, die Dusche von Gottes warmen Freundlichkeiten zu verlassen und auf seine Zuwendung zu verzichten. Er fühlt die Wonne, die mit dem Bleiben in der Liebe Jesu verbunden ist. Für ihn sind die Worte des Herrn voll von Liebesbeteuerungen und die Angebote von Gebetserhörungen durch stetiges Abhängigsein von ihm so real, daß er sie auf keinen Fall aufgeben will. Er wird zum Herrn sagen: „Weiter so, Herr. Das tut gut! Weiter so! Das brauche ich."

Wer sich also eingesteht, daß er Liebe braucht, daß er von Gottes Liebe abhängig ist, daß er die Lust, welche empfangene Liebe freisetzt, selbst nicht erzeugen kann, der wird es leicht haben, unter dieser Liebe zu bleiben. Er kann sich kaum vorstellen, daß man so töricht sein kann, solche Wohltaten aufzugeben, indem man selbst anfängt, das zu produzieren, was nicht an das göttliche Original herankommt, was Energie kostet und Streß bringt, statt einfach weiter von Gott vollkommene Lust zu empfangen.

Die große Kunst des Empfangens von Gottes Liebe und des In-ihr-bleiben-Wollens wird jener mit Leichtigkeit beherrschen, der genau weiß, was er kann und was er nicht kann. Wer weiß, daß er sich selbst nicht das Gute geben kann, was Gott ihm geben will, und was von ihm bereits vorbereitet ist, der wird ohne Schwierigkeiten nehmen, um die Güte des Herrn zu genießen. Wer aber tief in seinem Herzen aufgrund von Stolz und einer frömmelnd-religiösen Grundhaltung davon überzeugt ist, daß er auch zum Guten fähig ist und sich seine Lust verschaffen kann, indem er eigene Dinge in eigener Kraft produzieren kann, der wird es auf die Dauer nicht fertigbringen, ausschließlich in der empfangenen Liebe des Herrn zu bleiben. Er will sein eigenes Licht leuchten lassen, um sich dadurch Lust durch die Anerkennung anderer zu verschaffen.

Es kann dann im Einzelfall sehr schwer sein zu erkennen, von welcher Lust man lebt. Der Übergang von der Lust der empfangenen

Liebe unseres Herrn zu der Lust des Sich-Sonnens im Applaus anderer wegen eigener Leistungsfähigkeit ist oft schwer auszumachen. Wegen unserer fortgeschrittenen Mogelkunst können wir uns vormachen, daß wir uns in der Liebe des Herrn bewegen, während wir bereits jahrelang überwiegend davon gelebt haben, daß wir insgeheim eigene Fertigkeiten und Fähigkeiten entwickelten, um durch deren Resultate unsere Lust zu empfangen.

Wir brauchen ein Beweismittel, an welchem wir erkennen können, ob wir wirklich Liebe genommen haben, ob wir in der Liebe des Herrn geblieben sind!

Dieses Beweismittel gibt es. Es besteht darin, daß wir seine Gebote halten. Aber jetzt müssen wir genau auf die Worte des Herrn achten. Wir sollen s e i n e Gebote halten. Es ist nicht unbedingt vom Herrn gesagt worden, daß wir die Zehn Gebote mit allen möglichen Verschärfungen halten sollen. Natürlich kannte Jesus die ewige Gültigkeit der Zehn Gebote, was wir an seinem Umgang mit dem reichen Jüngling gesehen haben. Und dennoch ist der Gedankengang nicht der, daß wir am Halten von allen möglichen Geboten, die Ausdruck von Sittlichkeit und göttlicher Norm sind, beweisen, daß wir Gott lieben.

Das ist ganz und gar nicht der Inhalt dieses Wortes Jesu. Jesus sagte nicht: „Erfüllt meine Gebote oder die Gebote meines Vaters oder die Gebote der allgemein anerkannten Sittlichkeit, um dadurch zu beweisen, daß ihr mich liebt." Nein, er sagte: „Wenn ihr in meiner Liebe bleibt (das heißt, wenn ihr stetig und tatsächlich meine Liebe angenommen habt) dann werdet ihr meine Gebote halten."

In diesem Abschnitt ist einige Male die Rede von seinen Geboten oder davon, daß Jesus uns etwas gebietet. Vers 12: „Das ist mein Gebot, daß ihr euch untereinander liebet, gleichwie ich euch liebe." Vers 14: „Ihr seid meine Freunde, wenn ihr tut, was ich euch gebiete." Wer ist nach Jesu Verständnis sein Freund? Vers 13: Man ist jemandem ein Freund, wenn man aus Liebe zu ihm sein Leben läßt. Vers 17: „Das gebiete ich euch, daß ihr euch untereinander liebet."

Also schon aus den Worten dieser Rede des Herrn können wir entnehmen, daß sein Gebot darin besteht zu lieben. Wir sollen uns untereinander lieben. Wir sollen unseren Freunden unsere Liebe geben, die so weit geht, daß wir unser Leben für sie lassen. Es gibt noch einige andere neutestamentliche Gebote. Interessanterweise kommt der Begriff „Gebot" im Neuen Testament nur sehr spärlich vor. Zugegeben, es gibt auch im Neuen Testament eine ganze Anzahl von Imperativen. Aber der ausdrückliche Begriff Gebot mit einem dann zugefügten Gebotsinhalt kommt nur an ganz wenigen Stellen im Neuen Testament vor. Was sind die neutestamentlichen Gebote?

Jakobus 2,8
Wenn ihr das königliche Gesetz (Gebot) erfüllt nach der Schrift: „Liebe deinen Nächsten wie dich selbst", so tut ihr wohl.

Galater 6,2
Einer trage des andern Last, so werdet ihr das Gesetz Christi erfüllen.

1. Johannes 4,21
Und dies Gebot haben wir von ihm, daß, wer Gott liebt, daß der auch seinen Bruder liebe.

Johannes 13,34-35
34 Ein neu Gebot gebe ich euch, daß ihr euch untereinander liebet, wie ich euch geliebt habe, damit auch ihr einander lieb habet.
35 Daran wird jedermann erkennen, daß ihr meine Jünger seid, so ihr Liebe untereinander habt.

2. Johannes 5
Nun bitte ich dich, Herrin – nicht als schriebe ich dir ein neues Gebot, sondern das wir gehabt haben von Anfang –, daß wir uns untereinander lieben.

Es ist offensichtlich, daß *das* neutestamentliche Gebot das Gebot der Liebe und insbesondere der Bruderliebe ist. Es ging schon aus dem Umkreis der Rede Jesu über unsere eigene Liebe als Beweis des Bleibens in der Liebe Jesu hervor, und wir finden es auch an anderen Stellen im Neuen Testament: Das große Gebot Jesu und des Neuen Testamentes überhaupt lautet Bruderliebe und darüber hinaus Liebe zum Nächsten. Aber was hat das mit dem Beweis zu tun, der darin bestehen soll, daß wir in *seiner* Liebe geblieben sind?

Nun, wer tatsächlich in lebendiger Verbindung mit Jesus und in praktischer Abhängigkeit von ihm seine Worte als Wahrheiten und

Beschreibungen von Wohltaten empfängt und im Herzen glaubend aufnimmt und wer darüber hinaus das Motiv des Herrn hinter seinen Angeboten — nämlich Liebe und leidenschaftliches Verlangen, uns Gutes zu erweisen — erkannt hat, der wird kraft dieser glaubenden Aufnahme von Worten Jesu und Liebe Jesu in seinem Wesen so mit Liebe gesättigt sein, so mit seiner Freude, seiner Freundlichkeit, seinen Segnungen und seinem Wesen angefüllt sein, daß er gar nicht anders kann, als Jesus, seinen Herrn, zu lieben und darüber hinaus auch andere zu lieben. Liebe ist ja ihrem Wesen gemäß das Verlangen, Gutes zu erweisen. Wer demnach Liebe in diesem Sinne genommen hat, muß einfach den Drang haben, anderen Gutes zu tun.

Somit ist die Tatsache, daß ein gläubiger Christ ehrlich Menschen liebt, indem er ihnen Gutes tut, der Beweis dafür, daß er zuvor tatsächlich Liebe aufgenommen hat und in der Liebe geblieben ist! Das ist der springende Punkt. Man kann leicht und sogar mit überschwenglichen Worten sagen, daß man die Liebe des Herrn glaubt und in ihr bleibt. Aber ob dahinter Realität steht, ob der so Redende die Liebe als etwas Reales und Substanzhaftes geglaubt und auch genommen hat, wird erst an diesem äußeren Beweis erkennbar. Liebt er Gott und die Menschen, das heißt, wird diese Liebe sichtbar, dann ist diese Liebe Ausdruck der Tatsache, daß er zuvor wirklich Liebe empfangen hat.

Die vorhandene Liebeswilligkeit und auch Liebesfähigkeit eines Gläubigen als Konsequenz der zuvor im Glauben empfangenen Liebe des Herrn, die der Gläubige nicht nur gelegentlich konsumiert, sondern unter der er auch bleibt, beweist indessen noch mehr. Sie ist der Tatsachenbeweis dafür, daß der an Christus Gläubige die Liebe Gottes, die zunächst in Worten angeboten wird, als das verstanden hat, was sie ist: ein reales Angebot von Liebe und Wahrheit. Somit drückt sich in der Liebesfähigkeit eines Gläubigen auch Wahrhaftigkeit im Umgang mit den Liebesbeteuerungen und mit den Worten des Herrn aus, und obendrein ist es die Konsequenz des praktischen Abhängigseins vom Herrn, also von wahrer Demut.

Jetzt können wir auch das andere Gebot des Neuen Testamentes verstehen, von dem bereits im ersten Kapitel die Rede war.

1. Johannes 2,7-10
7 Meine Lieben, ich schreibe euch nicht ein neues Gebot, sondern das alte Gebot, das ihr habt von Anfang gehabt. Das alte Gebot ist das Wort, das ihr gehört habt.
8 Wiederum, ein neues Gebot schreibe ich euch, das da wahr ist in ihm und in euch; denn die Finsternis vergeht, und das wahre Licht scheint jetzt.
9 Wer da sagt, er sei im Licht, und hasset seinen Bruder, der ist noch in der Finsternis.
10 Wer seinen Bruder liebt, der bleibt im Licht, und ist kein Ärgernis in ihm.

Der Leser wird, so glaube ich, den Zusammenhang zwischen diesen Geboten entdecken. Das ist ein erstaunlicher, eigentlich ein revolutionärer Gedanke und Zusammenhang. Das alte Gebot, das darin besteht, daß wir uns dem Wort Gottes zuwenden und es bedenken und uns damit beschäftigen sollen, es in uns aufnehmen, verspeisen und verstoffwechseln sollen, dieses alte Gebot ist identisch mit dem neuen Gebot, das darin besteht, daß wir einander lieben sollen. Aber weil dieses neue Gebot der Liebe in Wirklichkeit auf das alte Gebot – das Gebot des Wortes – zurückzuführen ist, deswegen ist es kein neues, sondern ein altes Gebot. Die Aufforderung, sich glaubend total dem Worte Jesu hinzugeben, um dieses Wort zu verinnerlichen, das heißt, in sich aufzunehmen und glaubend in das Herz einzupflanzen, ist identisch mit dem Gebot der Liebe und der Befähigung zur Liebe.

So gibt es in letzter Konsequenz im Neuen Testament doch nur ein einziges Gebot, das Gebot des Wortes, in dem das Gebot der Liebe enthalten ist. In dem Liebesgebot indessen sind alle anderen Gebote, das ganze Gesetz und die gesamten Aussagen der Propheten enthalten:

Matthäus 22,37-40
37 Jesus aber sprach zu ihm: „Du sollst lieben Gott, deinen Herrn, von ganzem Herzen, von ganzer Seele und von ganzem Gemüte“.
38 Dies ist das vornehmste und größte Gebot.
39 Das andre aber ist dem gleich: „Du sollst deinen Nächsten lieben wie dich selbst“.
40 In diesen zwei Geboten hängt das ganze Gesetz und die Propheten.

Dementsprechend redet Paulus auch in Römer 13,10b: „So ist nun die Liebe des Gesetzes Erfüllung.“ So zeichnet Jesus mit seinen Ausführungen einen Kreis von Wahrheiten. Wer seine Worte, die von Liebe bestimmt sind, als Wahrheit angenommen und im

Glauben erfaßt hat, so daß sie in seinem Herzen sind, der muß wiederum den Herrn zurücklieben und wird auch andere Menschen lieben. Das liegt im Wesen der Liebe, die darin besteht, Gutes tun zu wollen. Wer nun so liebt, erfüllt damit nebenbei das ganze Gesetz und alle göttlichen Gebote.

Aber für unsere Zusammenhänge hat das Wort Jesu, von dem wir ausgegangen waren (Johannes 15,10) eine besondere Bewandtnis, die fast mehr diagnostischer Art ist. Die praktische Anwendung dieser Kette von Wahrheiten führt nämlich weg von der Kenntnisnahme theologischer Prinzipien und stellt an uns Gläubige einige ganz einfache, aber sehr dringliche Fragen: Wie steht es mit meiner Bereitschaft und meiner Fähigkeit, Menschen zu lieben? Erkenne ich in mir den Drang, ihnen Gutes zu tun, Gutes zu sagen, sie nicht zu beschämen, wenn Sünde vorliegt, sondern eher Sünde zuzudecken — was ein Ausdruck der Liebe ist! —?

Mit solchen Fragen sollen nicht Schuld- und Verdammnisgefühle geweckt werden. Ich möchte vielmehr auf diesen geistlichen Regelkreis hinweisen, der in den Zusammenhängen enthalten ist. Wenn sich nämlich jemand bei diesen Fragen mutig eingestehen muß, daß es mit seiner Liebesfähigkeit nicht sehr weit her ist, dann besagt das eben nicht nur etwas darüber, daß er ein Gebot des Herrn nicht richtig eingehalten hat, sondern es enthält viel tiefere Aufschlüsse.

Nicht-Liebe in der Beziehung zur sichtbaren Umgebung bedeutet in letzter Konsequenz, daß man nicht in der Wahrheit lebt und nicht ständig selbst vom Herrn Liebe genommen hat. Wer nicht lieben kann, offenbart geheimen und tief verborgenen Stolz und geistliche Unabhängigkeit, die sich vielleicht nicht durch arrogante Äußerungen verrät, die aber darin sichtbar wird, daß man nicht lieben kann und will. Die unabhängige Haltung verhindert nämlich das Erfassen und Genießen der Wort- und Wahrheitsangebote als Realität.

Dieser Zusammenhang ist augenöffnend. Ich bitte dich, lieber Leser, um der Redlichkeit deiner Beziehung zum Herrn und deiner Umgebung willen, vor allem aber um deiner eigenen Lebensfreude und Lust am Herrn willen, dir diese Gedanken immer wieder zuzuführen. Der Heilige Geist will dir helfen zu verstehen. Ich will dich nicht in Schuldgefühle hineintreiben. Du sollst vielmehr Aufschluß darüber bekommen, an welcher Stelle du bestimmte göttliche Angebote und Wahrheiten ausgeschlagen hast. Ich glaube, daß wir mit dem Erkennen dieser ursächlichen Zusammenhänge zwischen aufgenommenem Wort, aufgenommener Liebe und Fähigkeit, andere zu lieben, die innersten Geheimnisse des Evangeliums berühren. Ich möchte meinem Leser vor Augen führen, wie leicht doch eigentlich die Umsetzung dieser Wahrheiten ist und welche erhabenen und schönen Resultate aus der richtigen Bewältigung der allerersten Schritte im Glauben zustande kommen.

Vielleicht hilft es dem einen oder anderen Leser weiter, wenn wir diese Zusammenhänge einmal mit anderen Worten ausdrücken: Wer nicht liebt, kann es deswegen nicht, weil er nicht nur die Worte Gottes und seines Herrn nicht geglaubt hat, sondern weil er davor schon gar nicht richtig die Worte aufnehmen konnte, da sie als Gnadenangebot nur von dem wirklich zu erfassen sind, der selbst in der Gnade lebt. Wer sich selbst für fähig hält, irgendwelche vorweisbaren Leistungen zu produzieren, lebt nicht in der Gnade und kann aus diesem Grunde die Worte Gottes, die alle Worte der Gnade sind, gar nicht erkennen und verstehen, geschweige denn glaubend nehmen.

Auf der anderen Seite hat dieser Schluß auch einen sehr tröstlichen Aspekt. Wer seine Hilfsbedürftigkeit kennt und sie sich und dem Herrn gegenüber eingesteht und als geistlich Armer (Bedürftiger) die Worte des Herrn wie ein Schwamm aufnimmt, wird sie, fasziniert von diesen Worten, auch gern glauben. Die geglaubten Worte der Schrift werden dann aber in unserem Herzen Liebe produzieren. In diesem ganzen Geschehen steht und fällt alles damit, daß der Anfang stimmt!

Ein Basiskontingent an Bruderliebe wird insofern jeder, der die neue Geburt erfahren hat, erleben müssen:

> **1. Johannes 3,14a**
> **Wir wissen, daß wir aus dem Tode in das Leben gekommen sind; denn wir lieben die Brüder.**

Wer das Wort Gottes zumindest so weit verstanden und aufgenommen hat, daß er Jesus sein Leben übergeben hat und damit aus dem Tod in das Leben hinübergetreten ist, der muß auf Grund dieser im Glauben empfangenen Gnade auch imstande sein, ohne

Anstrengung seine Brüder zu lieben. Er kann gar nicht anders, er muß sich zu ihnen hingezogen fühlen.

Wenn diese Zusammenhänge stimmen, daß der von der Liebe Jesu Erfüllte nicht nur Gott zurückliebt und seine Brüder liebt, sondern darüber hinaus diesen auch praktisch Gutes erweist, dann muß natürlich auch gelten: Wer Gott liebt (jetzt lieben kann, weil er zuvor schon Liebe von ihm genommen hat), der wird auch die Gebote des Herrn halten. Diese Aussage ergibt sich aus der Rahmenaussage, die wir bisher untersucht haben. Dementsprechend formuliert Jesus:

Johannes 14,15
Liebet ihr mich, so werdet ihr meine Gebote halten.

Ist die Liebe zu den Brüdern in sich schon eine Handlung im Sichtbaren, indem man seine Liebe zu ihnen durch Erweisung von Gutem ausdrückt, so ist die Liebe zu Gott für viele Gläubige theoretisch. Sie bewegt sich nur in Abläufen des Herzens. Aber das ist nicht der neutestamentliche Befund, weil eisern die Regel gilt: Wer die Liebe des Herrn in sich aufgenommen hat, der wird die Gebote des Herrn tun, also lieben. Deswegen wird jede echte Liebe zu Gott begleitet sein von Liebe zu Brüdern und Schwestern oder auch zu dem Nächsten, der Gutes von mir braucht.

Es gibt eine regelrechte Reihenfolge und Rangordnung des Liebens, nachdem man vom Herrn Liebe genommen hat und stetig in dieser Liebe bleibt:

1. Ich liebe mich selbst.

Sich selbst lieben bedeutet nichts anderes, als sich Gutes zu erweisen. Das Beste, was wir uns antun können, ist die Annahme der uns von Gott entgegengebrachten Liebe. Insofern ist Liebe gegenüber sich selbst im biblischen Sinne identisch mit dem Bleiben in der Liebe Jesu. Und deswegen darf man und muß man sogar diese Liebe an die erste Stelle rücken. Liebe zu sich selbst hat nichts mit Egoismus zu tun. Egoismus ist Liebe zu sich selbst auf Kosten des Wohles anderer. Aber hier meint der Begriff einfach, die uns von Gott gegebene Bestätigung und Auferbauung anzunehmen. (Der Leser, der das in diesem Sinne verstehen will, wird dann keine Ketzerei darin erblicken, daß die Liebe gegenüber Gott erst an zweiter Stelle kommt.)

2. Ich liebe den Herrn

Danach gilt unsere Liebe dem Herrn, der die Quelle der Liebe ist. Wir geben ihm gleichsam nur jene Liebe zurück, die wir zuvor von ihm empfangen haben. Weil wir durch ihn erlöst sind, weil er unsere Schuld und auch die Folgen der Schuld auf sich genommen hat, sind wir ihm von Herzen dankbar. Diese Dankbarkeit wird sich zur Liebe steigern, wenn wir im stetigen Strom seiner vielfältigen Liebesbezeugungen bleiben. Wir erinnern uns daran, daß sich die Liebe zu Gott gemäß dem Wort aus Johannes 14,15 – Liebet ihr mich, so werdet ihr meine Gebote halten. – auch im „Gutes tun" gegenüber der Umwelt bekunden wird.

3. Ich liebe meinen Ehepartner

Das nächstrangige Ziel der Liebe ist, wenn die Gläubigen verheiratet sind, ihr jeweiliger Ehepartner. Dieser hat Vorrang vor allen anderen nahestehenden Menschen, etwa den eigenen Kindern. Wer als Vater oder Mutter seine Kinder mehr liebt als seinen Ehepartner, liebt nicht mit der Liebe seines Herrn. Das ist nicht mehr Agape, die sich auf die Partner- und Kindesliebe auflagert, das ist nur noch eine besitzergreifende Liebe, mit der man sich trösten will und die eine Ersatzfunktion hat. Der Ehepartner, der natürlich auch mit der Gattenliebe geliebt sein soll, braucht demnach das größte Kontingent an Agape. Wer seinen Ehepartner nicht mit der von Gott empfangenen göttlichen Liebe liebt, kann nicht erwarten, daß er gegenüber irgendeiner anderen Person reine Liebe aufbringen kann. Was dann wie Liebe aussieht, ist ein Bemächtigungsmittel, mit dem man etwas bekommen will, statt zu geben.

4. Ich liebe meine Kinder

Nach dem Ehepartner sind die Kinder in der Rangordnung und Wichtigkeit unser nächstes Liebesziel. Geistlich und seelisch einigermaßen gesunde Eltern werden keine Mühe haben, ihre Kinder zu lieben. Aber sie müssen unbedingt darauf achten, daß sie die Kinder nicht höher stellen als ihren Ehepartner. In diesem Fall degeneriert die Liebe sofort zur Vergötzung und wird von einer ganzen Anzahl weiterer minderwertiger Motive unterwandert sein. Vor allem drückt sich in der Bevorzugung der Kinder eine Furcht vor der Verantwortung für den Ehepartner aus. Wer die Kinder mehr liebt als den Ehepartner, liebt diesen eigentlich gar nicht und holt sich von den Kindern Bestätigung statt Bestätigung und Liebe zu geben. Es ist eine Scheinliebe.

5. Ich liebe meine Brüder und Schwestern

Jetzt sind die geistlichen Brüder und Schwestern unserer Umgebung an der Reihe. Von ihnen war ja in den genannten Bibelstellen mehrfach die Rede. Sie haben absoluten Vorrang vor den Menschen der Welt. Aber sie rangieren ganz eindeutig hinter der Familie! Wenn ein Mann oder eine Frau in Christus die geistlichen Brüder und Schwestern mehr lieben sollte als die eigenen Familienangehörigen, indem er oder sie mehr Zeit mit ihnen verbringt, sich stärker hingezogen fühlt zu ihnen, mehr Engagement in der Gemeinde aufbringt als in der Familie, dann ist die gesamte Einstellung zu den Menschen gestört. Ein solcher christlicher Aktivist, um den es sich dabei mit größter Wahrscheinlichkeit handeln wird, weist dabei nicht nur einen geringfügigen Schaden auf. Seine Liebesbeziehungen sind durch und durch korrumpiert, unecht und Ausdruck von Ersatzbefriedigung. Einen solchen Menschen sollte man nicht in der Gemeinde arbeiten lassen!

6. Ich liebe meinen Nächsten

Erst dann kommt in der Reihenfolge und in der Intensität der Liebe der Nächste aus der Umwelt. Jeder Fall, wo ein Gläubiger sich etwa besonders stark evangelistisch in der Welt engagiert und ununterbrochen in seiner weltlichen Umgebung missionarisch für den Herrn tätig ist, aber die eigene Gemeinde und die Gemeinschaft der Heiligen vernachlässigt, ist ein Beispiel von unechter Liebe, mit der man sich gegen seine Brüder und Schwestern absetzt. Diese demonstrative und distanzierende Liebe stellt in Wirklichkeit nichts anderes dar als Beweisungssucht, Bitterkeit gegenüber einzelnen Geschwistern, verletzte Ehre und rachegetränkter Stolz. Auf einem solchen Motivboden wächst keine geistliche Frucht. Ein geistlicher Leiter, der derartiges bei einem

Gläubigen sieht, sollte mit Liebe und Weisheit, aber auch mit Nachdruck solche evangelistischen Aktionen beenden.

Wir sehen also, daß Liebe gegenüber unserer nahen und weiteren Umwelt beim näheren Hinschauen an mehreren Stellen ihre Echtheit verraten muß. Weil Liebe, wie ich wiederholt erklärt habe, bedeutet, jemandem Gutes zu erweisen, wir aber auch bei aller göttlichen Hilfe in unserem Potential beschränkt sind, deswegen ist streng auf diese Reihenfolge zu achten, die identisch ist mit der Reihenfolge unserer Verantwortung.

Somit kann man nicht nur generell die Wahrhaftigkeit und Echtheit unseres Bleibens in der Liebe Gottes an unserer Liebe gegenüber der sichtbaren Umwelt beurteilen, sondern darüber hinaus noch sehr spezifisch daran, daß dieses Liebesgefälle, das ich eben kurz genannt hatte, erkennbar ist. Wer wirklich liebt, beachtet mit traumtänzerischer Sicherheit diese Abfolge, ohne auch nur einen Augenblick darüber nachsinnen zu müssen. Wir haben hier also ein weiteres beachtenswertes Kriterium für Bleiben in der Liebe des Herrn und Geben der Liebe des Herrn.

Dies ist kein Buch über Liebe schlechthin. Ich will in dem Zusammenhang, der uns hier interessiert, nur auf die Quellen unserer Liebesfähigkeit hinweisen. Dabei ist bis jetzt die Tatsache, daß neben dem Wort Gottes auch der Heilige Geist eine sehr gewichtige Rolle spielt, uns zur Liebe zu befähigen, noch nicht ausreichend von mir herausgestellt worden. Das Wort Gottes sagt uns ja (Römer 5,5), daß die Liebe Gottes ausgegossen ist durch den Heiligen Geist, der uns von Gott gegeben ist.

Ich glaube, daß es ohne die Erfahrung der Fülle im Heiligen Geist und der Taufe in den Geist Gottes sehr schwer ist, im Sinne unseres Herrn zu lieben. Ich halte es grundsätzlich wohl für möglich, aber man macht es sich bei einer solchen Rahmensituation selbst künstlich schwer. Wenn aber der Heilige Geist in uns ist, dann will er durch Worte Gottes, die wir glauben, aus unserem Herzen freigesetzt werden. Bei dieser Glaubensfreisetzung hilft uns auch der Heilige Geist, weil er der Geist des Glaubens ist (2. Korinther 4,13). Deswegen redet die Schrift auch von der Liebe des Geistes (Römer 15,30) und auch von dem Geist der Liebe (2. Timotheus 1,7). Ohne die Mithilfe des Heiligen Geistes können wir die Inhalte des Wortes Gottes nicht so hautnah und intensiv erfahren.

Damit habe ich etwas angesprochen, was ich in diesem Kapitel noch nicht ausdrücklich herausgestellt habe. Es war davon aber bereits in früheren Kapiteln sehr intensiv die Rede: Wer als Nachfolger Jesu lieben will, muß zuvor durch die aufgenommene Liebe seines Herrn ein glücklicher, zufriedener und mit Wohltaten Gottes gesättigter Mensch sein. Damit meine ich nicht unbedingt, daß äußeres Wohlergehen vorliegen muß. Jedoch erscheint mir die Voraussetzung des geistlichen und seelischen Wohlbefindens als Summe aller empfangenen Liebe und Bestätigung durch den Herrn unerläßlich für die Liebesfähigkeit und Liebeswilligkeit zu sein. Wer unglücklich ist, Liebe selbst nicht empfangen hat, Zweifel an seinem Wert als Person hat und keine Wärme und Zuwendung empfangen hat, kann unmöglich lieben. Er wird möglicherweise viel über Liebe reden, sie von allen möglichen fordern, mit dem Postulat der Liebe seine Verkündigung und die Gespräche mit seiner Umgebung nur so pflastern, aber von ihm selbst kommt keine Liebe. Vielleicht wird er Liebe vortäuschen. Er wird möglicherweise ein Liebesdogmatiker sein, ein streitbarer Liebesverfechter, aber selbst wird er liebesarm sein. Gott bewahre uns vor einer solchen grausigen Karikatur seiner Absicht mit uns.

Viele dieser Zusammenhänge, die wir aus Johannes 15 gewonnen haben, finden wir in anderen Worten noch einmal am Ende des ersten Johannesbriefes.

> **1. Johannes 4,21-5,4**
> **21 Und dies Gebot haben wir von ihm, daß, wer Gott liebt, daß der auch seinen Bruder liebe.**
> **1 Wer da glaubt, daß Jesus sei der Christus, der ist von Gott geboren; und wer da liebt den, der ihn geboren hat, der liebt auch den, der von ihm geboren ist.**
> **2 Daran erkennen wir, daß wir Gottes Kinder lieben, wenn wir Gott lieben und seine Gebote halten.**
> **3 Denn das ist die Liebe zu Gott, daß wir seine Gebote halten; und seine Gebote sind nicht schwer,**
> **4 denn alles, was von Gott geboren ist, überwindet die Welt; und unser Glaube ist der Sieg, der die Welt überwunden hat.**

In den ersten beiden Versen wird noch einmal ausgedrückt, daß sich die Liebe zu Gott darin äußert, daß wir auch den Bruder lieben.

Vers 1 des 5. Kapitels des Briefes drückt es so aus, daß derjenige, der Jesus und den Vater liebt, auch denjenigen lieben wird, der von ihm geboren ist, nämlich seinen geistlichen Bruder.

Das Wissen von der gemeinsamen Gnade, in der man steht, schafft einfach Bruderliebe. Das war ja der Ansatz bei unserer Argumentationskette bezüglich der Liebe. Wer sich für stark und tüchtig und damit auch liebesfähig hält, der braucht keine Gnade. Wer aber Gnade nimmt, der erkennt, daß er nicht die Fähigkeit in sich hat zu lieben. Nach dieser Voraussetzung der geistlichen Bedürftigkeit, sprich der Gnadenbedürftigkeit, und damit auch der Fähigkeit, Gnade anzunehmen, kommt die wichtige Station, Gott seine Worte und seine Liebe zu glauben. Wenn dieser Glaubensvorgang unter der Mithilfe des Heiligen Geistes erfolgt und wir in dem stetigen Empfang der Liebe verharren, dann resultiert daraus die Liebe zu Gott, zum Bruder und zum Nächsten.

In Vers 3 des 5. Kapitels wird dann noch einmal jener bekannte Satz eingefügt, der uns nun leicht verständlich ist: „...und seine Gebote sind nicht schwer.“ Sie sind deswegen nicht schwer, weil sie identisch sind mit der Liebe, die wir andern erweisen, nachdem wir uns zuvor mit der Liebe des Herrn aufgetankt haben. Es ist also nicht ein eigenes menschliches Produkt beteiligt, was die Sache schwer machen würde und, wie wir zumindest im Hinblick auf Liebe wissen, diese gänzlich unmöglich macht.

Diese uns nun mittlerweile sehr vertrauten Zusammenhänge erfahren durch Vers 4 eine Akzentuierung und weitere Bestätigung. Wir lesen dort: „denn alles, was von Gott geboren ist, überwindet die Welt; und unser Glaube ist der Sieg, der die Welt überwunden hat.“ Die Aussage, daß die Gebote des Herrn nicht schwer sind, wird durch ein „denn“ verbunden mit der Tatsache, daß alles, was aus Gott geboren ist, die Welt überwindet. Damit wird erstens ausgedrückt, daß die Liebe (die der Inhalt der Gebote ist, die wir halten sollen) aus Gott geboren ist. Zweitens wird durch den Nachsatz verdeutlicht, daß das Geborene unser Glaube ist. Hiermit bringt dieses Schriftwort deutlich zum Ausdruck, daß Liebe, die wir geben, ein Glaubensprodukt ist.

Solche Liebe, die ihrem Wesen nach übernatürlich ist, überwindet wirklich die Welt. Davon redet Johannes 13,35: „Daran wird jedermann erkennen, daß ihr meine Jünger seid, so ihr Liebe untereinander habt." Liebe Gottes, die wir uns gegenseitig erweisen – ich rede nicht von Klebrigkeit und jenem Zusammengehörigkeitsgefühl, was den Mitgliedern eines beliebigen Vereins eigen sein kann –, hat eine außerordentlich missionarische Wirkung. Die Menschen erkennen diese übernatürliche Komponente an unserer Liebe und sie schließen von uns auf unseren Herrn. Wir werden als Schüler Christi erkannt!

Drehen wir diesen Zusammenhang herum, so kann man auch wie folgt formulieren: Jünger (Schüler) Christi sind, wenn sie bleibend beim Herrn in der Lehre sind, erkennbar an ihrer ungeheuren geistlichen und seelischen Gesundheit und Stabilität. Ihre Lebensfreude wie auch die Bestätigung des Herrn, die auf ihnen liegt, offenbart sich dabei in einer besonderen Form: Sie lieben einander.

Daß diese Umkehrung der Abhängigkeit von Liebe und Nachweis gemeinsamer Jüngerschaft desselben Herrn tatsächlich erlaubt ist, sagt uns auch Johannes 15,11. Im Anschluß an die Aussage des Herrn, um die sich dieses ganze Kapitel überhaupt dreht, nämlich daß man am Halten seiner Gebote erkennen kann, daß wir in seiner Liebe bleiben (Vers 10), hören wir von Jesus: „Solches rede ich zu euch, damit meine Freude in euch bleibe und eure Freude vollkommen werde."

Der Gipfel aller Gefühlsqualitäten und Lebenslust, nämlich Freude, ist die Folge des Bleibens in der Liebe des Herrn und der daraus folgenden Befähigung, selbst zu lieben. Wer von Jesus Gnade auf Gnade nimmt, darunter auch die Gnade der Liebe, der Bestätigung, der Güte Gottes und der Anerkennung als wertgeschätztes und kostbares Kind Gottes, der wird unabdingbar zur Erfahrung der Freude geführt. Und wenn dieser Glaubende dann nicht anders kann, als diese erfahrene Liebe weiterzuleiten und mit ihr andere zu lieben, dann wird er sich daran erfreuen können, anderen Gutes zu erweisen und von diesen nach einiger Zeit ebenfalls Bestätigung und Freude erfahren. Jetzt sucht er sie nicht mehr bei dem anderen, denn er hat sie bei seinem Herrn gesucht und gefunden. Aber weil er sie ausdrücklich nicht bei Menschen gesucht, sondern die von IHM empfangene Liebe weitergegeben hat, wird er obendrein ungesucht von Menschen Liebe bekommen, und diese darf er dann mit Freude annehmen. So wird seine Freude, die vorher schon durch den Herrn gestiftet war, vollkommen.

Predigt- und Vortragscassetten des Autors
sind zu beziehen über:

Cassettendienst der Philadelphia-Gemeinde
– Evang. Freikirche Wilmersdorf e.V. –
Babelsberger Straße 37
1000 Berlin 31